# 中国证券博物馆

# CHINA SECURITIES MUSEUM

2021年第 2 辑　总第 6 辑

中国证券博物馆 编

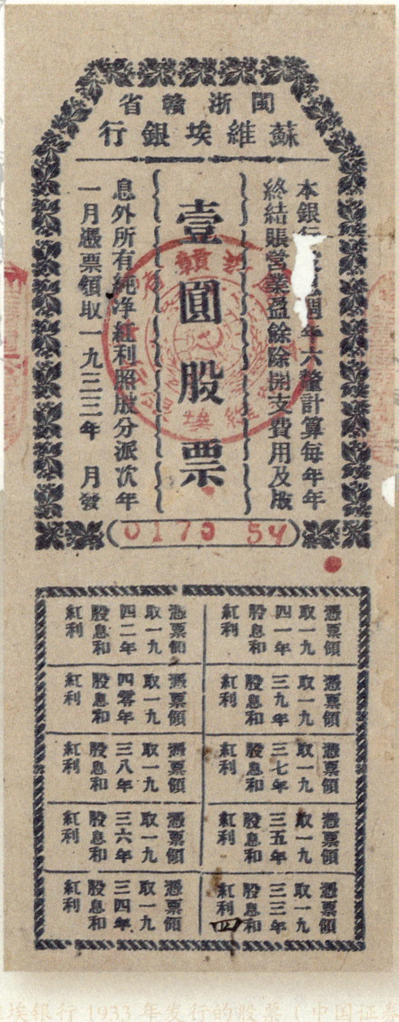


闽浙赣省苏维埃银行 1933 年发行的股票（中国证券博物馆馆藏）

中国金融出版社

责任编辑：曹亚豪
责任校对：刘　明
责任印制：张也男

**图书在版编目（CIP）数据**

中国证券博物馆．2021 年．第 2 辑：总第 6 辑 / 中国证券博物馆编．—北京：中国金融出版社，2021.8

ISBN 978 – 7 – 5220 – 1269 – 8

Ⅰ．①中…　Ⅱ．①中…　Ⅲ．①证券市场—史料—中国　Ⅳ．① F832.97

中国版本图书馆 CIP 数据核字（2021）第 154794 号

中国证券博物馆．2021 年．第 2 辑：总第 6 辑
ZHONGGUO ZHENGQUAN BOWUGUAN. 2021 NIAN. DI-2 JI：ZONG DI-6 JI

出版
发行　中国金融出版社

社址　北京市丰台区益泽路 2 号
市场开发部　（010）66024766，63805472，63439533（传真）
网 上 书 店　www. cfph. cn
（010）66024766，63372837（传真）
读者服务部（010）66070833，62568380
邮编　100071
经销　新华书店
印刷　北京侨友印刷有限公司
尺寸　215 毫米 ×280 毫米
印张　6.75
字数　130 千
版次　2021 年 9 月第 1 版
印次　2021 年 9 月第 1 次印刷
定价　36. 00 元
ISBN 978 –7 – 5220 – 1269 – 8

## | 联系我们 |

电话：021-38612105　邮箱：zgzqbwgnk@sse.com.cn

地址：上海市虹口区黄浦路 15 号　邮编：200080

CONTENTS

CONTENTS

讲述

# 会当凌绝顶　一览众山小

## ——记中国第一批企业境外上市的那些人和事

刘鸿儒　口述　李　为　整理

**刘鸿儒**，1930年生，吉林榆树人，中国证券监督管理委员会首任主席，清华大学五道口金融学院名誉理事长，香港城市大学工商管理名誉博士。中共第十二届、第十三届中央候补委员。

1959年于苏联莫斯科大学获副博士学位，回国后长期在中国人民银行工作。

1979年至1980年参与组建中国农业银行并担任副行长。

1980年至1989年任中国人民银行常务副行长，主管金融体制改革。

1990年至1992年任国家经济体制改革委员会副主任，主管金融体制改革、股份制改革和住房体制改革。

1992年至1995年任中国证券监督管理委员会主席。

1992年至1997年任第八届全国政协委员、经济委员会副主任。

1997年至2002年任第九届全国政协委员。

著有《社会主义货币与银行问题》《社会主义信贷问题》《中国金融体制改革》《变革》《突破》等专著，译著2部，主编著作20多部。

## 说 H 股的历史要从 B 股讲起

中国实行改革开放以后，在通过资本市场吸引外资方面逐步趟开了路子。最初的方式是借用境外贷款，包括来自政府的和国外商业银行的，后来在境外资本市场进行了发行债券的尝试。这两种方式的主要优点是融资量大、速度快，但也存在不够灵活、成本较高和承担外汇风险等问题。于是，利用股市直接融资成为迫切需求。

过去谈到外资股，只是指 B 股，现在我们明确了外资股包括两种：在内地发行的 B 股和在香港发行的 H 股（H 就是取自英文“香港”的第一个字母）。B 股是我国通过资本市场利用外资迈出的第一步，但对中国企业进入国际资本市场来说，只是迈了半步。上市公司和企业都在境内，只是投资者是境外的。H 股的出现，标志着中国企业真正进入了国际资本市场。

中国企业登陆国际资本市场的探索和决策经历了将近两年的时间。

1990 年，我们开始研究利用国内股票市场吸引外资的办法。在研究 B 股方案时，我们认为这是一种过渡形式。因为一个国家不能长期并存两种利用外资的股票形式。后来的实践也证明，发行 B 股对吸引外资和促进企业转换机制都起了积极作用，但也存在不少问题，主要是：上市公司和股票交易都在内地，与国际资本市场相比存在许多不规范之处；信息披露较差，境外投资者不易了解公司情况；发行量和交易量比较少，市场不活跃。在研究了 B 股之后，香港的一些朋友建议内地国有企业改制后到香港上市。

1990 年 6 月，香港联交所组织 30 多位专家成立了中国研究小组，专门研究内地企业到香港上市的有关问题。1992 年 2 月 14 日，香港联交所中国研究小组完成了一份关于内地证券市场今后发展方向的非公开的中期报告。该报告主要研究了内地证券在香港上市时可能发生的情况，指出内地与香港在若干重要方面的主要差异与分歧，并且提出了对未来发展方向的建议：内地制定区域性或全国性的证券法律后，再允许内地企业到香港上市，到香港上市的方式是间接上市或采用第二板的方式。

## 推开中国企业境外上市大门

1991 年，香港方面邀请我组织相关人员去香港研究国有企业到香港上市的可能性。由于当时对企业到香港上市的利弊尚无定论，发展前景不明朗，不便以官方名义前往香港考察。于是，经国务院批准，由我牵头组织了一个专家小组，作为新华社香港分社的客人到香港考察研究。专家小组成员有国家体改委的孙效良、李青原和中国人民银行的聂庆平。

1991 年 12 月 20 日至 28 日考察期间，专家小组走访了香港财政司、金融司、香港证券及期货事务监察委员会、香港联交所，以及一些大型证券商、会计师事务所和律师事务所。专家小组还就内地与香港的金融关系问题同新华社香港分社、中银集团、华润公司、光大金融进行了座谈，每一次座谈都围绕同一个话题进行，即内地企业在境外上市法律上的可行性。座谈的气氛总是很热烈，结论也鼓舞人心。香港方面热切希望内地企业到香港上市，因为他们看好内地企业到香港上市的前景。在香港的考察使我们了解了国际投资者和香港金融机构的共识，他们一致认为内地企业可以去香港直接上市。我们本来对于去香港上市还存有疑虑，但香港之行让我们对这个问题看得更清楚更透彻了，更加坚定了我们赴港上市的决心。

考察结束后，专家小组写了一篇关于内地企业到香港上市问题的研究报告，该报告是中央领导做决策的重要参考，所以主要进行利弊分析。该报告分析了内地企业到香港上市的好处：一是有利于保持香港的稳定和繁荣；二是可以通过香港股市筹集资金；三是有利于内地企业走向国际市场。该报告也分析了内地企业到香港上市可能带来的不利之处：一是开办中外合资企业，不仅可以利用外资，还可以引进先进技术，而利用香港股市筹集资金，则不能同时引进先进技术；二是上市公司必须是盈利状况好的，否则其股票就可能没人愿意购买；三是内地企业到香港上市，实际上是对香港证券市场成长的一种支持，这与支持上海、深圳证券市场发展可能存在一定冲突。对于最后一个问题，我们认为国内需要从股票市场募集资金的企业有很多，如果我们能将前往香港上市的企业数量把控好，就会使香港证券市场和沪深证券市场同时得到发展，不会产生利益冲突。如果站在更高的层面来看，支持香港证券市场发展也是支持中国的发展，有利于提高中国在国际上的地位，况且香港证券市场相比上海、深圳证券市场更成熟，我们应该利用这个优势把香港打造成可与纽约、东京、伦敦比肩的全球国际金融中心。该报告在权衡利弊后得出的初步结论是：虽然内地企业到香港上市利弊兼有，但利大弊小，而且我们可以在工作中扬利抑弊。因此，内地企业赴香港上市应当积极而又审慎地进行。考察报告提交给了国家体改委和中国人民银行，这份报告能否得到中央领导的认可，成了推动内地企业到香港上市的关键。

1992 年 4 月初，我以国家体改委副主任的身份向国务院领导汇报了专家小组赴港考察的情况，建议积极推动企业赴港上市。当时国务院有关领导认为，企业赴港上市要慎之又慎，首先还是要搞好上海、深圳两个证券市场。这一表态让内地企业赴港没有了日程表。但是，到了月底，事情突然有了转机。4 月 29 日下午，朱镕基同志在北京接见了时任香港联交所主席李业广率领的访问团。在接见过程中，李业广提出内地企业到香港上市的问题，朱镕基同志当即表示，可以选择一批经营管理基础好、有技术改造任务的大型国有企业到香港上市，但一开始不要太多，不能超过 10 家。就这样，内地企业境外上市的大门被推开了。

## 内地香港证券事务联合工作小组披荆斩棘

为了联手推进内地企业境外上市项目，朱镕基同志同意我们成立一个联合工作小组。经与香港方面协商，国务院有关部门批准，联合工作小组定名为内地香港证券事务联合工作小组。联合工作小组由 10 名成员和 2 名秘书组成，内地方面由国家体改委牵头，中国人民银行、港澳办参加。联合工作小组一开始不对外公开，受朱镕基同志嘱托，由我担任联合工作小组组长。

表 1　内地香港证券事务联合工作小组

<table>
<tr><th colspan="3">人员组成</th><th>时任职务</th></tr>
<tr><td rowspan="6">内地方面</td><td rowspan="5">成员</td><td>刘鸿儒</td><td>国家经济体制改革委员会副主任</td></tr>
<tr><td>孙效良</td><td>国家经济体制改革委员会专职委员</td></tr>
<tr><td>金建栋</td><td>中国人民银行金融管理司司长</td></tr>
<tr><td>陈宝瑛</td><td>国务院港澳办公室研究所副所长</td></tr>
<tr><td>李青原</td><td>国家经济体制改革委员会处长</td></tr>
<tr><td>秘书</td><td>聂庆平</td><td>中国人民银行金融管理司市场一处副处长</td></tr>
<tr><td rowspan="7">香港方面</td><td rowspan="5">成员</td><td>李业广</td><td>香港联交所主席</td></tr>
<tr><td>周文耀</td><td>香港联交所行政总裁</td></tr>
<tr><td>赵志昌</td><td>香港联交所理事</td></tr>
<tr><td>梁定邦</td><td>香港联交所理事、香港资深大律师</td></tr>
<tr><td>李礼文</td><td>公司财务专家</td></tr>
<tr><td>秘书</td><td>何敏慧</td><td>香港联交所高级经理</td></tr>
<tr><td>轮替成员</td><td>吴树炽</td><td>香港联交所副主席</td></tr>
</table>

1992 年 7 月 11 日至 12 日，联合工作小组在北京钓鱼台国宾馆举行了第一次会议，确定每月轮流在内地和香港召开一次例会。内地企业到香港上市，主要涉及三类问题：一是法律问题；二是会计问题；三是上市方式、交易、交收、外汇问题及合作监管等问题。相应地，我们成立了三个专家小组具体研究相关问题：会计专家小组召集人为李青原、赵志昌；法律专家小组召集人为孙效良、梁定邦；上市方式及外汇税务专家小组召集人为金建栋、周文耀。另外，也有很多其他政府官员和行业精英参与到我们的工作中，如财政部会计司司长冯淑萍（后任财政部部长助理）负责会计制度修订，香港大学法学院教授、著名律师何美欢负责梳理、比较内地与香港两地在企业制度、证券制度上的法律差异，李小雪、高西庆、张云东、张新文等也为内地企业境外上市法规配套条例付出了辛勤的劳动。

内地企业境外上市是一项前所未有、开创性的金融系统工程，我们怀着一颗炽热的心为这个庞大而又复杂的系统工程披荆斩棘。在一年多的时间里，我们苦战、奋战、鏖战，对一些关键问题达成共识，对一些细节问题作出安排。高西庆曾回忆："内地企业要到香港上市，所涉及的法律和会计方面的问题最大。从 1992 年的五六月开始，由国家体改委牵头，开始与香港的专家小组商讨发行 H 股的具体事情。记得当时是在深圳银湖宾馆，内地方面包括我有十多个人，每天从早到晚，翻来覆去地谈，开了很多次会，前后持续了十几个月。谈判过程中双方一直是由律师主谈，还有一些会计师谈与审计有关的章节。最后双方把每一个细小的问题都谈到了，搞出了一个在内地和香港两边的法律体系下都可以通过的文件。我们这边以国务院特殊规定的形式发布，也就是 1994 年 8 月 4 日公布的《国务院关于股份有限公司境外募集股份及上市的特别规定》的附件——《到境外上市公司章程必备条款》。香港方面也以法规形式公布，两边都走了完整的立法程序，除了一些表述上的区别，内容上完全一样。这真是一件了不得的事，在中国改革开放的历史上是具有创造性意义的。”

当时，我们的《公司法》还没有出台，企业的股份制改造主要遵循国家体改委等部门发布的《股份有限公司规范意见》，但这份文件与香港的《公司条例》之间存在一些法律规定上的差异。1992 年 11 月，联合工作小组在香港召开第四次工作会议，双方协商确定，通过制定三个文件的方式来弥补这种差异。

第一，以国家体改委的名义发一份《〈股份有限公司规范意见〉的补充规定》。例如，补充规定明确“外资股”包括在内地发行的 B 股和在香港发行的 H 股两种。第二，以国家体改委的名义给香港联交所发一封函件，对我们的法规中一些不易为香港和其他境外投资人理解的概念和条款加以说明。例如，《股份有限公司规范意见》把股份分成国家股、法人股、个人股和外资股等。在致函中，要说明这只是按投资主体不同而做的一种划分，并不影响同股同权的原则。第三，双方共同起草了一份文件，明确到香港上市的公司章程必须载明的事项和条款。通过上述文件，两地法律方面存有差异的约 200 个问题基本得到了解决。

联合工作小组一共开过七次重要会议。1993 年 4 月 20 日，在黄山举行了第七次会议，这次会议对解决内地企业到香港上市的会计问题达成了突破性、创新性的共识。为了解决内地企业到香港上市涉及的会计制度差异，联合工作小组以补充规定的方式创造性地进行了弥合。例如，制定《股份制试点企业股票香港上市有关会计处理问题的补充规定》，使企业尽可能地向国际会计制度和会计准则靠近；在上市规则中以“特别加订”的形式对已有上市规则进行修改。

## 写长信恳求财政部特事特办

联合工作小组关于内地企业到香港上市的会计处理补充规定的思路确定后，需要财政部起草并签发《关于股份制试点企业股票香港上市有关会计处理问题的补充规定》和《关于股份制试点企业股票香港上市会计报表有关项目调整意见》，当时已经是 1993 年 4 月下旬，时间异常紧张，朱镕基同志要求我们争取 6 月能有一家企业赴港上市。

然而，现实非常严峻，财政部当时正在调整政策，要求股份制企业执行统一的行业会计制度。会计制度的改变，意味着我们与香港方面的谈判将前功尽弃，内地企业赴港上市的进程将被终止。要是相关法规在财政部通不过，内地企业境外上市的临门一脚就踢不出去了。如果上市延后，会有很多负面影响，将大大损害中国改革开放的形象。我非常焦急，不断协调各方，财政部好不容易才答应特事特办为我们发文，但是有关部门对此有不同意见，导致我们的文件迟迟不能签发。

4月23日，财政部还是没有回音，我焦急不已，就给时任财政部部长刘仲藜和副部长张佑才写了一封长信。我在信中写道："这两个文件宜快发，拖延不得，因为对外影响较大。一是我们与香港方面关于会计问题的谈判，一直是以股份制会计制度为基础的。经过一年的协商，现在基本达成一致意见，一旦改变这个基础，则意味着全部谈判前功尽弃，已经起草好的有关补充规定也将全部作废，而且也容易让香港方面认为我们在股份制会计制度方面政策多变，形象不好。二是拖延9家企业到香港上市的进度。到香港上市一事双方已经开会达7次之多，有关专家也进行了多次研究磋商。朱镕基同志也要求在6月间有一家企业到香港上市，海内外已有诸多报道，实际上已向全世界公布了。如果上市时间往后拖得太长，甚至不能上市，对外也不好交代，影响我国改革开放的形象。9家企业到香港上市，涉及的部门多、难度大，朱镕基同志委托我做具体工作，并要求与有关部门充分协商。现在会计方面遇到了问题，恳请两位部长多多给予支持。作为特殊问题处理，尽快签发两个文件。如果确有困难，只好烦请你们给朱镕基同志写个报告，因涉外问题我无能为力。多谢。"这封长信也许给两位部长带来了很大的压力，财政部可能也从这封信中了解到内地企业赴港上市意义重大，他们很快特事特办，签发了那两个文件。在我的斡旋下，《关于股份制试点企业股票香港上市有关会计处理问题的补充规定》顺利实施。这一努力，终于为内地企业赴港上市扫清了会计制度方面的障碍。这次成功离不开财政部同志们的支持，时任财政部会计司司长冯淑萍做了大量的沟通和推动工作，在她的协助下我写了分量很重的长信，向朱镕基同志反映情况并得到支持，才使得内地企业境外上市在会计制度方面迈出了突破性的一步。

## 遴选第一批境外上市企业

联合工作小组在报告中确定遴选9家境外上市企业，并明确了四条选定标准，即"大中型企业规模；建设任务已列入计划，但缺少资金，可利用外资；经营管理状况较好，有连续盈利记录；有体制基础，企业有改组为股份公司的意愿"。国务院同意联合工作小组的报告后，国家体改委与国务院生产办公室（后改为国家经贸委）共同协商，初步提出了一个含有18家企业的名单。我们从六个方面对这18家企业的情况做了深入调查：（1）资产净值；（2）1989年到1991年三年实现的利润；（3）1992年的销售额；（4）主导产品；（5）"八五"期间及时改造项目及核定的投资额；（6）已落实的资金及资金缺口。我们对调查结果进行了反复研究，并征询了国家计委、国家国有资产管理局等部门的意见，从中选出规模较大、盈利状况较好的生产型企业共9家，这9家企业均符合我们提出的四条标准。

1992年7月21日，我向朱镕基同志汇报了遴选情况，提出派专家组进入企业进行调查并帮助设计股份制改造的初步方案。朱镕基同志批示："慎重起见，9家企业要逐个征得主管省、市及部门的领导同志同意，不能只听主办部门的意见。"我们认真落实朱镕基同志的批示意见，逐一征得了相关部门的同意。在此基础上，王忠禹同志（时任国务院生产办公室副主任）和我联名向朱镕基同志提交了正式的书面报告，确定上海石油化工总厂、仪征化纤联合公司、昆明机床厂、广州造船厂、青岛啤酒厂、马鞍山钢铁公司、东方电机厂、天津渤海化工集团公司、北京人民机器厂9家企业为第一批境外上市企业。我们最初的计划是让这些企业先在上海或深圳上市，发行A股，然后再根据实际进展情况选择具备条件的企业到香港上市，发行H股。我们在提交给朱镕基同志的报告中提出，由于对这9家企业能否成功上市还没有把握，这9家企业应暂定为"股份制规范化试点企业"，并明确不对外公布。8月4日，朱镕基同志在我们的报告上做了批示："拟同意，请贵鲜同志核批。"8月18日，李贵鲜同志圈阅同意。就这样，第一批内地企业境外上市名单出炉，我们正式地一一通知了有关省、市及主管部门，并和9家企业及所在地地方政府开始了紧张的上市准备工作。

## 协调12个部委开8天会议

上海石油化工总厂（以下简称上海石化）是我们挑选的第一批9家境外上市试点企业之一。上海石化从一家国有大型企业转变为一家规范的国际性上市公司，走过了一条艰难坎坷的探索之路。我们在上海石化实行股份制并到境外上市过程中做了艰巨的制度创新工作，涉及法律、会计制度、产权界定、资产评估、企业重组、发行上市等一系列内容。虽然联合工作小组前期对内地企业赴港上市在法律、会计制度以及股份公司制度在国有企业实施等方面做了很多准备，但具体到一家大型国企的改制与上市实施上，依然面临着很多挑战。

上海石化是一家资产规模大、主辅分流重组难度大、涉及政策调整面最广的大型国企，为了认真做好这家企业的股份制改造，建立与之相配套的制度，使其步入国际资本市场，我们付出了很多心血。在国家体改委的协调下，国家经贸委、国家计委、财政部、中国人民银行、国家国有资产管理局等12个部委六次听取了上海石化改制试点的阶段性报告，两次到企业现场办公，现场拍板解决各种问题。12个部委共同成立了专家组，帮助企业解决具体问题。国家体改委牵头国务院12个部委、办、局在北京首都宾馆举行的8天工作会议，至今仍让我记忆犹新，这次会议形成了《关于将上海石油化工总厂改组为股份制企业试点的批复》。该批复提出了上海石化股份制试点的16条意见，明确了上海石化以何种方式成立股份公司，初步规定了股票发行的额度、种类及上市地，明确了资产投入的原则，非生产性资产的剥离和管理，投入资产的评估和调账及确认，国家股权的管理，改组后的税收问题及上交渠道，原油的供应办法，劳动工资、人事管理等有关政策及各项审批程序。这16条意见为上海石化和其他国有大型企业境外上市股份制改造的路径指明了方向。

1993 年 7 月 26 日，上海石化同时在香港、纽约挂牌上市。1996 年 2 月，上海石化荣获香港联交所颁发的“最佳信息披露奖”，成为赴境外上市的内地企业中首家获奖的公司，也被国际资本市场誉为“中国最规范的公司”。上海石化总结公司境外上市的成功经验时写道：“上海石化之所以能在境外成功上市，与其自身进行了艰苦细致、开创性的改制工作分不开。回顾上海石化改制历程，可以用‘历经艰难’四个字来概括。之所以难，难就难在它是一项全新的开创性工作，无任何先例可遵循，无任何经验可借鉴。人们不会忘记陈锦华、刘鸿儒、洪虎、王忠禹、张佑才等领导为上海石化改制所倾注的心血，人们更不会忘记孙树义、李小雪、聂庆平、冯淑萍、管维立、陈月明等专家的亲临现场、精心辅导。”

## 上海石化与 H 股第一股失之交臂

我们曾计划安排上海石化作为 9 家内地企业赴境外上市的第一家 H 股企业，让上海石化打响境外上市的第一炮，但却出现了卡壳，我曾为此和时任国家体改委副主任洪虎及财政部的同志多次前往上海协调。问题卡在哪里了呢？在于中央财政和地方财政的关系、政府财政和企业财务的划分出现了很多分歧，在这些分歧上未能达成一致。上海石化当时是一座自成体系的“城市”，有医院、公安、幼儿园等体系完备、职能健全的公共机构，不是市场化概念，公、检、法等司法机关也都是公司管的。当时改制争论的焦点在哪儿呢？在于企业要上市就必须把政府职能分离出

图 1　上海石油化工股份有限公司发行的股票（H 股）（中国证券博物馆馆藏）

来。企业的财政开支也需要明晰，哪些由中央财政承担，哪些由上海市地方财政承担，哪些归企业承担。这些问题争议很大，从而导致企业财政的核定和划分出现了问题，政府职能的剥离和中央财政、地方财政、企业财务分担的比例等很多问题没有解决好，时间也就耽误了，我们原本预定的第一家境外上市企业变为第二家了。

我在1998年出版的《中国企业海外上市回顾与展望》一书中详细记录了当时上海石化企业改制的艰难历程和与时间赛跑的难忘经历。我在书中写道："前上海石化是企业办社会的典型。20多年建设发展，不仅建立了一个现代化联合企业，也造就了一座美丽的现代化城市。在这15平方公里土地上，从公、检、法到民政、商业、交通、市政等部门，从教育系统到卫生系统，一个都市所包含的行业、设施，几乎应有尽有。对于这样一个包容了多项政府与社会职能的特大企业，按照国际惯例和股份制要求进行重组，等于给企业进行一次彻底的外科手术，难度相当大，涉及各方面的利益。1992年，我国尚未颁布《公司法》，尚无与国际接轨的一系列会计制度、评估制度。上海石化就是在这样的情况下，敢为天下先，奋勇担负起探索我国国有大型企业改制的历史使命。作为国务院首批试点企业，上海石化一开始就以高标准、高质量、规范化为原则，在国务院和上海、香港、纽约三地交易所的指导下，取得了直接到境外发行股票上市的成功。上海石化以自己的实践找到了中国企业首次在境外上市面临的复杂问题的解决模式，为探索中国企业直接进入国际资本市场进行了有益的探索，在首批9家试点企业中真正起到了'领头羊'的作用。"

为推动上海石化成为第一家境外上市的H股企业，我们曾花了很大力气，但是上海石化终究没有成为第一家。最终，青岛啤酒成为H股第一股。为什么青岛啤酒能第一个在香港上市呢？因为青岛啤酒公司规模小，企业在青岛市内，企业改制是单纯的企业问题，没有政府职能剥离的问题，进行得比较快。同时，青岛市政府也对青岛啤酒企业改制和境外上市鼎力支持。

## 为内地企业境外上市做推介

1993年，中国证监会与香港联交所组织中国H股境外推介团，赴美国、英国、日本推介H股，作为H股"总指挥"，我亲自上阵。那时，我刚担任新成立的中国证监会首任主席不久，因而全程参加了H股的推介活动，在H股境外推介中发表主题演讲，为我们的企业做宣传。按照国际标准改造的H股试点企业高管们走出国门，置身国际资本市场的舞台，在聚光灯下他们直面的是国际投资者的审视和挑剔的目光。在路演中，一些投资者发现，有的大型国企在产值、规模上堪称世界级，职工好几万人，但是这些"庞然大物"的管理者，年薪却只有区区几万元，他们觉得难以理解。待遇和贡献不匹配的企业领导人，怎么能尽心尽力把公司经营好呢？我们的工作人员解释说："我们是党员，要讲奉献"，外国投资者摇摇头，表示难以理解。还有的H股上市企业，其主要领导人由组织部门直接任命，外国投资者很纳闷：我们买了你们的股票，成为你们的股东，为什么不能决定企业管理层的人选？面对路演中碰到的各种挑战性的提问，我深刻地感受到H股企业要想提高竞争力，光改头换面不行，还必须彻底消除国有企业遗留下来的弊端，在机制、管理、制度上全面脱胎换骨才行。

我在境外推介H股的过程中，认识到内地企业境外上市推介其实面对许多挑战，要想应对投资人尖锐的问题，就要做好充分的准备。企业的高管们在推介和路演中必须投入许多精力才能通过国际投资者这一关。内地9家试点境外上市企业之一的马鞍山钢铁公司在H股全球招股之前，与主承销商一同进行了22天全球推介活动，会见了100多位基金经理，给投资者留下了深刻印象，马鞍山钢铁公司因此被境外的《国际金融评论》杂志评为1993年度全球新兴市场最成功的上市公司。

山东华能发电作为第一家成功登陆纽约证券交易所的中国企业，也在H股境外路演中发表了主题演讲，该公司对全球路演做了充分的准备。在企业全球推介过程中，先后去了美国、荷兰、瑞士等7个国家和地区，与投资者一对一交谈50场，举行大型演讲会14场、电话会议4场，接触机构投资者300余家，获得股票订单10亿美元，高出发行量3倍，取得了良好的成效。

## 三军过后尽开颜

1993年7月15日，香港联交所交易大厅迎来了有史以来最热烈、最隆重的上市仪式，第一只H股——青岛啤酒正式挂牌。当彩色显示屏上跳跃出一个崭新的证券代码"00618"时，大厅内爆发出一阵阵掌声，经久不息。主席台上，我和时任香港证监会主席罗德滔、香港联交所主席李业广、新华社香港分社副社长乌兰木伦并排而站，手中握着醇香的青岛啤酒，而不是香港联交所以往庆祝挂牌时用的香槟酒。

参加挂牌仪式的还有内地香港证券事务联合工作小组成员孙效良、金建栋、陈宝瑛、陈葆心（时任香港联交所副主席）、周文耀（时任香港联交所行政总裁）等。主席台下，各家电视台、各大报记者的镁光灯不停闪烁，中港证券嘉宾云集，频频举杯，沉浸在喜悦中，此时此刻我却百感交集，深深地吸一口气。这一天注定是载入史册的一天，然而有多少人知道，为了这一天，为了这历史性的一步，我们做了多少艰苦而繁杂的工作，又付出了多少心血和汗水。我深知，我们曾经的辛劳付出和全力拼搏都是值得的。虽然境外资本市场对中国国企了解不多，但青岛啤酒依然在短短7天的认购时间里获超额认购110.5倍。随后，第二家上海石化、第三家广船国际、第四家北人印刷、第五家马鞍山钢铁、第六家昆明机床陆续在1993年完成境外上市。第七家仪征化纤，也是1994年首家在香港上市的H股公司。1994年5月，第八家天津渤海、第九家东方电机相继登陆香港联交所，标志着 9 大国企境外上市全部完成。总体而言，9 家国有企业在境外上市，尽管表现不同，但普遍受到香港本地及境外投资者的欢迎。主要表现在以下几个方面。

1. 虽然各方面政策不利，但是挡不住投资者的热情，招股认购踊跃。1993 年，内地实施的宏观调控、汇率并轨、税务新规等不利政策没有挡住招股认购的热情。9 家企业共募资 114.92 亿港元，青岛啤酒招股时曾冻结资金 843 亿港元，广船国际和马鞍山钢铁的认购倍数分别是 1.75 倍和 1.04 倍。最后一家上市的东方电机，招股超额认购 15 倍。

2. 募资金额庞大。昆明机床为 1.287 亿港元，北人印刷、广船国际、渤海化工、东方电机的募资额在 2 亿至 5 亿港元之间，青岛啤酒约为 10 亿港元，上海石化、马鞍山钢铁及仪征化纤的募资额在 23 亿至 40 亿港元之间。其中，马鞍山钢铁募资额最高，高达 39.3 亿港元。上海石化、马鞍山钢铁和仪征化纤三家的募资额占 9 家国有企业募资总额的 78%。

3. 股价表现基本平稳。虽然受到内地宏观调控、汇率并轨的政策影响，有一段时间境外上市企业的股价徐徐回落。不过，其后数月，仍然维持在平稳状态。首家在香港上市的青岛啤酒，最受市场追捧，上市首日以每股 3.6 港元收市，较其招股价上升 28.6%，上市 11 个月的时间里，股价节节攀升，最高曾上升至 10.8 港元 / 股。其他 8 家国企的股价表现也都很好。

## 与青岛啤酒的不解之缘

青岛啤酒作为第一家境外上市的内地企业，是我们成功进行股份制改制试点的标杆案例。青岛啤酒在 1993 年 7 月 15 日发行了 H 股，1993 年 8 月 27 日发行了 A 股，是一家几乎同时发行 H 股和 A 股的企业。9 家内地企业境外上市实施过程中面临的一个重大问题就是上市方式。规定动作是要求 9 家企业除发行外资股外，还要发行部分 A 股，筹集人民币资金。按照用一套招股说明书和一套财务会计报表的要求，确定 A 股和 H 股同时发售，并于大致相同的日期在香港联交所、上海或深圳证券交易所同时挂牌交易。在帮助青岛啤酒实施这一上市方案时，我与时任青岛市委书记俞正声几乎成了战友，联手奋力将我们的方案完美落地，不仅确保了青岛啤酒 A 股的顺利发行，还使得青岛啤酒成为第一家上市的 H 股企业。

青岛啤酒准备发行 A 股时，中国股市刚刚经历了深圳“8 · 10 事件”，我思考着要下决心对股票发行方式进行改革，建立一个高度透明的股票发行和上市制度。经过深入调研，我决定借鉴我国台湾地区的做法，即无限量发行认购表，先抽签再汇入资金，方案的关键是“无限量”。方案报国务院后，得到了朱镕基同志的批准。在青岛啤酒发行 A 股时，我对俞正声说：“老俞，咱俩联手就在你这里做实验。”然而，深圳“8 · 10 事件”的阴影未散，青岛啤酒的 A 股发行成为一场输不起的战役。我和俞正声反复商量了各个细节，力求做到万无一失。因为他知道，这次发行不

图 2 1993 年 7 月 15 日，第一只 H 股——青岛啤酒在香港联交所挂牌上市，嘉宾们手握青岛啤酒举杯庆祝

能再有任何差错，一旦出问题，整个股票市场就要停下来了，事关大局，必须全力以赴。

青岛市特地成立了青岛啤酒股票承销领导小组，俞正声任组长，领导小组下面又设立了保卫组、宣传组、监督稽查组，监督稽查组分别由青岛市公安局、宣传部、建管办负责人任组长。我专程参加了第一次领导小组会议，会上，一向随和的俞正声严肃地一再叮嘱："一定要精心准备，万无一失。"股票发行前夕，青岛市动员了政府、银行、公安、检察院等各个部门，各个环节集中投入人力，严阵以待。主承销商上海申银证券公司印刷了大量认购表，保证供应充分。中国证监会派出了由朱从玖（时任证监会办公室副主任）带队的 28 名干部奔赴青岛，参与发行准备工作。青岛市委、市政府不断通过电视等媒体向蜂拥而来、持币待购的人们做宣传，反复强调认购表无限量供应，不要怕买不到，同时也反复地解释购买的人越多中签率越低，让大家有所权衡。

正在万事俱备只欠东风的时候，朱镕基同志"踩了刹车"，他担心出事，要求推迟发行。我再三向他报告并保证说："准备工作达到了要求，不会出事。"但朱镕基同志仍然迟迟不拍板。我见此情形，马上对俞正声说："老俞，我这儿不行了，你来吧！"俞正声也再次向朱镕基同志报告，说明青岛市委、市政府已全力以赴地做好了发行准备工作，而且如果再拖下去，将会影响全市的其他工作。最后，朱镕基同志终于拍板同意发行。尽管投资者还是如深圳"8·10 事件”那样蜂拥而来，人民币还是大量汇入青岛各个银行，人们的股市致富梦还是那样热切，但这次的发行，由于采用了更加公开透明的方法，却有了截然不同的结局。人们的抢购热情逐渐消退下来，没有徇私舞弊和违法乱纪，发行过程秩序井然，发行任务也就顺利地完成了。

虽然青岛啤酒 H 股发行在前，A 股在后，但几乎是同期，我与俞正声同志、中国证监会与青岛市政府为青岛啤酒上市战斗在同一战场，我们的实验给国务院、朱镕基同志、中国的投资者和国际投资者交了一份满意的答卷。政府与企业的共同努力，把青岛啤酒这条船开出了海，拉开了中国企业境外上市的序幕，迈出了中国证券市场发展的历史一步。

1998 年青岛啤酒公司发表了《历史的里程碑》一文，对青岛啤酒改制与上市有过令人感怀的记录。文章中写道：“对青岛啤酒厂来说，进行股份制改造这条道路并不平坦。股份制对绝大多数企业员工而言是一件完全陌生的事情，企业既缺乏股份制的经验，更缺少这方面的人才。青啤人只能边探索边前进，付出了后人无法想象的艰苦努力。境外上市涉及的境外法律、法规有许多地方与国内不同，协调执行两地的法规，工作难度很大。面对陌生的国际资本市场，青啤人在境外上市所涉及的资产评估、财务审计、公关推荐等方面的知识少之又少，而需要做的工作却浩如烟海。国家体改委 1992 年 9 月批准青岛啤酒作为股份制规范化试点企业到拟定的境外上市时间只有 8 个月，要完成如此之多的任务，参加改制的工作人员，只能加班加点，牺牲大量休息时间。

“青啤的改制和上市成功，离不开内地和香港上市监管机构、中介机构的大力支持和帮助，也凝聚了青啤员工辛勤的汗水。在改制和上市最紧张的日子里，青啤改制小组的成员没日没夜地加班赶工作进度，有的人长达一年没有休息过星期日和节假日，有的人十天半个月回不了一次家，有的出差半夜回家，第二天一早就又踏上了征程。他们身边总有一个装了简单日常生活用品的旅行箱，随时都做好了出发的准备。出发急促，没买到卧铺票，坐硬座、坐餐车更是家常便饭。这里还不能不说的是政府部门对青啤改制的大力支持。青啤是青岛市的直属国有企业，青岛市政府对青岛啤酒的改制十分重视。市委书记俞正声曾要求政府有关部门把青啤改制上市当作一项重要的政治任务来完成。俞书记和秦家浩市长多次主持有关会议，协调政府有关部门，为青啤改制排除障碍、提供方便。俞书记和秦市长都曾亲自带队，到北京有关国家机关进行请示和协商。而青岛财政局、税务局、海关等，凡是与青啤改制相关的政府部门都是一路开绿灯。

“在 H 股发行前，青啤有关人员准备赴香港与香港联交所磋商具体发行事宜，却不料途中在深圳遇窃，五个人的护照全部丢失，眼看与香港联交所方面商定的会晤时间就错过了，急迫中他们想到了当地政府，在当地人员的积极配合下，连夜找齐了公安局、海关等相关部门的工作人员加班工作，第二天一早，五本崭新的护照已摆在了青啤人的面前。”

青岛啤酒公司的回忆也是对我及我的工作团队的回忆，对我的工作状态的回忆，对我和俞正声的回忆。在青岛啤酒H股及A股上市的那些拼搏岁月，我们都奉献了最好的年华。

## 第一批内地企业境外成功上市带来了什么？

从9家企业境外证券市场招股的情况可以看出，国际证券界、投资界对国有企业境外上市的反响强烈、投资踊跃，说明这项试点工作是成功的。它使投资者进一步了解了中国的情况，增强了投资信心，同时加速了国有大型企业经营机制的转换，拓宽了企业发展的融资渠道，提高了企业国际知名度，增强了企业在国际市场上的竞争力，这势必将带动国内经济的发展，并对抑制通货膨胀起到促进作用。9家国企发行H股筹集资金后，都较好地运用所筹资金发展生产、进行技术改造。

通过内地企业到香港发行H股并上市的试点，我们已经看到利用股权方式吸收外资是一种较好的方法，有利于充分、灵活、便捷地吸引国际资本，有利于外国投资者分享中国经济增长的红利，同时进行长期投资，有利于推动国内股票市场迅速发展，并逐步与国际市场接轨。从发展趋势看，让外国投资者直接投资于中国企业的股票，采用股权方式利用外资，将是一条越走越宽的渠道。同时，选一批效益好和有发展潜力的大型基础产业和工业企业到香港上市，也有利于改变香港股票市场的上市公司结构，繁荣香港金融市场，促进香港经济发展。

桐花万里丹山路，雏凤清于老凤声。经过香港上市一役，青岛啤酒、上海石化等公司的名字，开始出现在国际证券交易所的显示屏上和境外证券人士的分析报告里。上海石化这家上海西南70公里外曾经负债累累的石化企业，在世界目光的关注和审视下走出生死边缘，并获得香港联交所“最佳信息披露奖”。置身于国际资本市场，中国企业迅速成长起来。

迅速成长起来的上市企业，带动相关产业不断突破发展瓶颈，青岛啤酒等第一批企业上市后，中石油、中海油、中石化“三桶油”陆续“出海”，石油能源行业的国际竞争力不断增强。中国工商银行、中国建设银行、中国银行等从“技术性破产”的边缘一跃跻身于全球大银行之列，金融产业实力的壮大，推动了国家竞争力的提升，构筑了牢固的国家安全屏障。

在青岛啤酒香港上市的背后，所探索出的国有资产剥离、评估、折股办法以及主辅分离的改制模式、董事诚信责任、中小股东权益保护、独立董事制度、分类投票制度等理念和制度在A股市场的应用，股份公司会计制度、法律制度与国际标准的接轨，均成为此后我国国企改革、资本市场制度建设、股份制改革以及经济体制改革的重要精神财富。

对于香港，正如香港联交所前主席李业广所说，自1993年青岛啤酒以H股形式在香港上市以来，大量内地企业的上市，支持香港证券市场由一个以房地产和金融业为主的市场，转变为一个企业股份种类更加多元、产品更加丰富的市场，借助H股和内地因素，如今的香港市场已经牢牢居于世界十大证券市场之列，成为真正具有国际竞争力的国际金融中心。

昨夜星辰昨夜风。一转眼，国企境外上市已走过28年的历程，其核心是实现了两个突破：一是突破原有的计划经济管理体制，解决了国有企业变为股份制企业在体制上、法律上的各种障碍，从而推动了相关方面的改革，使国有企业适应国际资本市场的要求；二是国有企业经营机制的突破，初步形成了上市公司的治理结构，成为遵守国际市场原则的上市公司。作为H股或者说国企境外上市创始人之一，我对H股市场的昨天、今天和明天始终持有一份独特的感情。继续搞好H股市场，必须实现第三个突破，即在新的国际竞争条件下彻底消除原有企业留下来的弊端，切实做到在纷繁复杂的世界局势和波动不安的国际资本市场中立于不败之地。海阔凭鱼跃，天高任鸟飞。■

（照片提供：李为）

■ 整理者简介

李为，中国证监会国际部原副处长、信息中心原副主任，武汉大学理学博士，中央财经大学证券期货研究所特聘研究员。

# 一个“知识分子创业”的行业样本

## ——访谈《广发证券创业史》主编马庆泉博士

口述历史访谈组

近半年来，在“中国资本市场三十年”的热点话题下，证券行业涌现出许多文化盛事，通过多个层面的回顾、归纳和研究，为行业历史形成了蔚为可观的文化积淀。中国金融出版社新近出版的《广发证券创业史》，是广发证券早期创业领军人物担纲编写的一本企业史，以40余万字的篇幅，备述这家证券公司近30年历史，尤其是20世纪90年代的创业经历，为方兴未艾的证券行业历史研究和文化建设再添精彩一笔。

从公司史到行业史，如何见微知著？行业初期草莽环境的创业精神，对今天的证券经营机构有哪些借鉴意义？中国证券博物馆口述历史访谈组专访了该书主编、广发证券早期核心领导班子成员马庆泉博士。

## 中国证券行业的企业史，值得认真书写

**访谈人：**

在公开出版的中国企业史中，以证券公司为研究

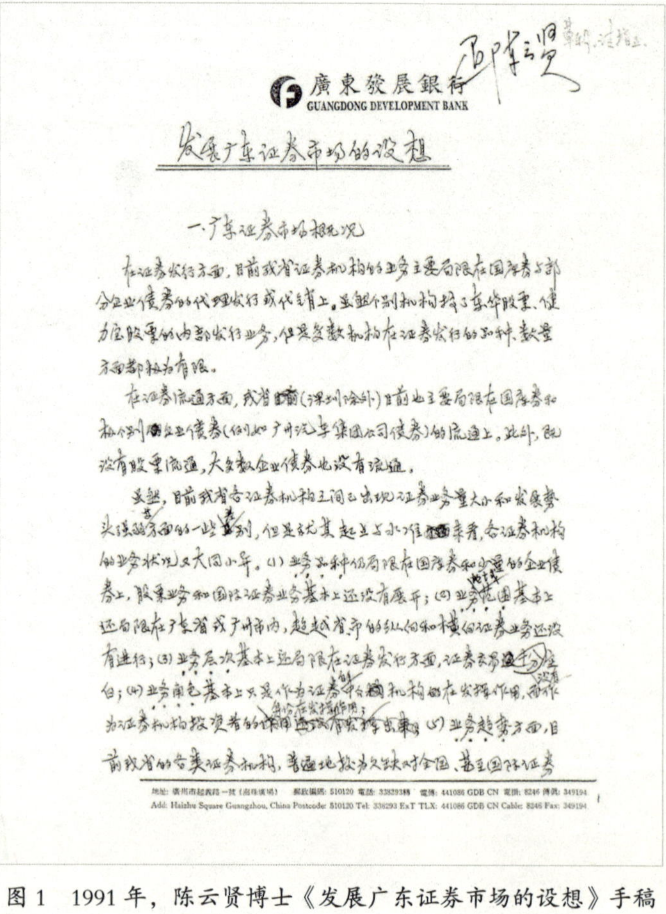

廣東發展銀行
GUANGDONG DEVELOPMENT BANK

发展广东证券市场的设想

一、广东证券市场概况

在证券发行方面，目前我省证券机构的业务主要局限在国库券与部分企业债券的代理发行或代销上。虽然个别机构接了东华股票、健力宝股票的内部发行业务，但是多数机构在证券发行的品种、数量方面都极为有限。

在证券流通方面，我省（深圳除外）目前也主要局限在国库券和极个别企业债券（例如广州汽车集团公司债券）的流通上。此外，既没有股票流通，大多数企业债券也没有流通。

虽然，目前我省各证券机构之间已出现证券业务量大小和发展势头强弱方面的一些差别，但是就其起点与水准来看，各证券机构的业务状况又大同小异。(1) 业务品种仍局限在国库券和少量的企业债券上，股票业务和国际证券业务基本上还没有展开；(2) 业务范围基本上还局限在广东省或广州市内，超越省市的纵向和横向证券业务还没有进行；(3) 业务层次基本上还局限在证券发行方面，证券交易[illegible]台；(4) 业务角色基本上只是作为证券中介机构在发挥作用，而作为证券机构投资者的[illegible]；(5) 业务趋势方面，目前我省的各类证券机构，普遍地较为欠缺对全国、甚至国际证券

地址：广州市起义路一号（海珠广场） 邮政编码：510120 电话：33829388 电传：441086 GDB CN 电报：8246 传真：349194
Add: Haizhu Square Guangzhou, China Postcode: 510120 Tel: 338293 ExT TLX: 441086 GDB CN Cable: 8246 Fax: 349194

图1 1991年，陈云贤博士《发展广东证券市场的设想》手稿

对象的并不多见。对比其他热门行业的企业史及其企业领袖传记、企业价值观读物，中国的证券公司似乎有些“低调”，您怎么看这种现象？

图 2　1991 年，位于广州市海珠广场的广东发展银行证券部营业柜台

南方日報
NANFANG RIBAO
进一步加强对城市规划管理
资本市场上的"博士军团"
——来自广发证券公司的报告
湛江反走私取得阶段性成果
今日"钟表王国"还数中国深圳
评选第六届

图 3　1996 年 5 月 27 日，《南方日报》发表头版头条文章《资本市场上的"博士军团"》，报道广发证券的人才优势。广发证券"博士军团"名号在国内证券业界迅速打响

**马庆泉：**

的确存在这种现象。比如，在创业风潮的影响下，互联网企业和领军人物的故事就备受青年读者追捧。在国外投资机构布局中国市场的进程中，《原则》等畅销书就成为这些机构"软实力"的重要部分。对比之下，中国证券行业已有了三十年的丰厚积淀，其中许多优秀经营机构的发展历程所蕴含的企业家精神、创业文化和经营哲学，是值得认真书写并向社会分享的。

具体到本书而言，我们希望以一本可读性较强的企业史，让读者从一家证券公司成长的微观之处，回顾时代大潮下资本市场所发生的重大变迁，进而感受这个行业、这家企业的创业精神。为此，全书并非一家公司的数据堆砌，而是努力将证券公司经营发展的真实境遇娓娓道来。三十年前的一家证券经营机构，在从地方走向全国的过程中，要面临哪些实际困难？在服务实体经济发展中，证券公司的角色定位经历了哪些演变？从股权架构的考量，到员工持股的尝试，以及上市进程的坎坷波折，广发证券走过了怎样的一条道路？……

与大部分行业相比，证券业似乎更加考验从业者的事业心、意志力与自制力，证券市场更容易成为人性的放大器。所以，创业经历中碰撞、磨合、锻造出来的企业文化基因，也是显见而独特的一道历史风景。

## 一个"知识分子创业"的行业样本

**访谈人：**

您是广发证券早期的创业者之一，而今担纲整理编写这段经历，您认为这段史料在证券行业中具有哪些共性和个性？

**马庆泉：**

作为一家证券经营机构，广发证券的发展历程颇具代表性：自 20 世纪 90 年代早期以来，一直稳居国内十大券商行列；而且，在行业最早一批券商中，广发证券是极少数未被并购重组、未接受政策性注资的。因此,《广发证券创业史》的历史视角有很好的连贯性，对行业变迁有真切的亲历感。

《广发证券创业史》最大的特色，是将“九十年代”“资本市场”这些火热的元素，纳入“知识分子创业”这一主题的熔炉。伴随着中国改革开放进程而蓬勃发展的中国资本市场，在早期固然有喧嚣浮躁的一面，但更有推动行业稳健长远发展的诸多清流。“知识分子创业”正是其中的一股清流。

改革开放时代背景下的知识分子，其知识结构、事业境遇都在社会转型中发生了诸多变化，但千百年来中国知识阶层文化血脉中的“家国情怀”，仍然牢固地根植、蓬勃地生发。《广发证券创业史》所记述的，正是在20世纪90年代的背景下，由初出茅庐的陈云贤博士艰辛开局，继而吸引一批高校和机关的知识分子走出高墙大院共同创业，并最终推动广发证券形成较大市场影响力的历程。

一批知识分子将资本市场作为托付家国情怀的砥砺战场，知行合一地创办证券公司、探索建立投资银行理论体系，而非“下海捞金”。这一行业样本卓然而立，真实而鲜明地彰显了改革开放的时代特色，足以被视作证券行业的主旋律。

## 创业精神一直在路上

**访谈人：**

“创业”是个激情洋溢的词汇，以之作为全书的“题眼”，有哪些方面的考虑?

**马庆泉：**

《广发证券创业史》全书40余万字，“创业”是贯穿全书的关键词。在不同时代、不同行业的背景下，创业的路径是迥然不同的，但“创业艰难百战多”，其中的激情与梦想是相通的。

放眼中国证券行业三十年前后的磅礴巨变，应当说，超出了我们创业之初的设想；而其中不变的，是证券从业者群体展现出的蓬勃朝气和充沛情怀。广发证券创始人、本书顾问陈云贤博士在序言中表示，“创业成功的标准，不应当是个人财务自由，也不应局限于公司的利润与市值，而应当更多地立足于对国家、对社会的贡献”。我认为这是对创业情怀的准确概述。

**访谈人：**

在您看来，行业早期的“创业精神”，对当下的市场机构以及行业发展有哪些借鉴意义?

图4 2000年3月，中国首家金融企业博士后工作站——广发证券博士后工作站挂牌，人事部、中国证监会等部门的领导出席揭幕仪式

图 5 2019 年 9 月，广发证券向中国证券博物馆捐赠证券史料

**马庆泉：**

在党对资本市场工作的全面领导下，证券行业经历了一次又一次令人瞩目的突破和发展。三十年来，证券经营机构的创业其实一直“在路上”。

对战略谋划的倾尽心力、对知识价值的高度推崇、对治理结构的均衡把握、对艰苦奋斗的身体力行，是广发证券创业群体从经营管理的角度总结出的一些经验。这些经验对行业发展是否有所裨益，有待未来的检验。

我个人的看法是，广发证券创业精神中所包含的企业文化要素，在某种意义上是具有普适性的。以基金业为例，据媒体观察，广州市在国内金融行业早期发展中相对缺乏“政策性”和“地域性”的天然优势，而今却成为基金业的“最牛之地”。地处广州的易方达和广发两家基金公司，逐步发展成为公众瞩目的优秀专业理财机构，不能不说是与这两家公司成功地传承和发展了广发证券早期的创业文化和企业精神有内在关联。在《广发证券创业史》中，我们也记录了这一奇特的“基金业广发现象”，呈现了众多基金从业人员坎坷创业的心路历程。从广发证券的多年实践来看，优秀的创业基因是繁衍发展的，创业精神是与时俱进的。它在哪里得到发扬光大，哪里就会绽放出绚丽的创业之花。■

（图片提供：王明赤）

荐书

# 《广发证券创业史》

王明赤

**顾　　问：**陈云贤

**主　　编：**马庆泉

**出 版 社：**中国金融出版社

**内容简介：**本书描述了一家证券公司始自20世纪90年代初的创业历史，并以证券经营机构诞生和发展的全景式连贯视角，回顾了中国资本市场的30年历程。本书着重突出了“知识分子创业”的鲜明特色，彰显了知识分子群体在改革开放年代的历史担当。书中呈现了行业发展演变的丰富细节，无论是“投资银行”一词的源流辨析，还是国际金融事件的现场见闻、基金从业人员的心路历程……都令读者见微知著。本书为研究中国资本市场历史发展提供了珍贵的史料和思路。

**作者简介：**陈云贤，本书顾问，广发证券创始人，经济学博士，北京大学、中山大学客座教授，博士生导师。马庆泉，本书主编，广发证券早期核心领导班子成员，经济学博士，中共中央党校经济学教授，中国人民大学博士生导师。■

# 1992年，中国股市奠基与跃进的一年

范永进

1992年是中国股市发展史上极为重要的一年。这一年，发生了至少十件影响中国股市的大事。这十件大事，或宏观，或微观，在此后很长一段时间内对中国股市持续产生着重要而深刻的影响。笔者作为参与者，有幸亲身经历和见证了这些具有重要历史意义的事件。此后的20余年，笔者长期从事资本市场建设和上市公司管理工作，深感这一年，堪称中国股市奠基与跃进的一年。

## 邓小平南方谈话肯定股市

在1992年之前的相当长一段时间，甚至可以说自1949年新中国成立起，社会主义国家要不要发展以及如何发展证券市场，一直都是非常敏感的问题，涉及的理论禁区也比较多。虽然1984年上海率先推出飞乐音响股票，1986年开办静安证券业务部，到1990年底上海、深圳证券交易所相继开业，证券业得到了前所未有的发展，但对于取消还是保留证券市场的争论依然很大。1990年7月，一篇题为《深圳股市狂热，潜在问题堪忧》的文章发表在人民日报社内参《情况汇编》上，并报送中央领导，文章反映了深圳股票市场炒股狂热达到了万人空巷的地步，机关干部、群众不去上班，都去炒股，获利极高。结果有5位中央领导同志分别做了批示，有的认为股票这种东西是资本主义的，不能在中国泛滥下去，应该立刻取消；也有的主张制止不规范的股票集资；有的则平缓一些，认为要加强调查研究。可见当时对证券市场的争议之大。

1992年春节前后，面对当时包括证券市场在内的经济领域及其他领域出现的一些重大问题，邓小平在视察南方期间发表了对中国未来产生重大影响的谈话："证券、股市这些东西究竟好不好，有没有危险，是不是资本主义独有的东西，社会主义能不能用？允许看，但要坚决地试。看对了，搞一两年对了，放开；错了，纠正，关了就是了。关，也可以快关，也可以慢关，也可以留一点尾巴。怕什么，坚持这种态度就不要紧，就不会犯大错误。""改革开放胆子要大一些，敢于试验，不能像小脚女人一样，看准了的，就大胆地试，大胆地闯。"邓小平的这番重要谈话，结束了社会主义国家该不该有证券市场的争论，对股份制和证券市场进行了肯定，解决了长期争论不休的"姓资姓社"的问题。这极大地鼓舞了证券行业的信心，促进了证券市场空前迅猛的发展。中国证监会首任主席刘鸿儒在回忆邓小平南方谈话时说："这是决定中国资本市场命运的谈话，只有亲身经历，才能切身体会。邓小平南方谈话，最终决定了中国资本市场的命运。我们彻底没有顾虑了，终于可以放开手脚去做，干劲更大了。"

1992年2月，在邓小平南方谈话后，国家体改委旋即在深圳召开全国股份制企业试点工作座谈会，肯定了股份制试点的重要意义，指出"坚决试，不求多，务求好，不能乱"。3月，李鹏同志代表国务院在七届全国人大五次会议上所作的《政府工作报告》中对股份制改革提出了中央决策性意见："实行股份制是筹集建设资金和监督企业管理的一种有效方式，并有利于促进企业机制的转变。要积极进行发行股票和证券交易市场的试点工作，抓紧人员培训，完善规章制度，健全交易秩序，使股份制经济为社会主义建设服务。"

## 上海推出股票认购证

20世纪90年代初，市场上的股票供应严重不足，投资者对新股的认购异常踊跃。1991年8月，兴业房产发行股票，发行方式为每个居民凭身份证可以领取预约券，然后根据预约券进行编号抽签，这种预约券也是股票认购证的雏形。但投资者认购实在太踊跃，导致偌大的上海市江湾体育场挤满了领取预约券的人，秩序非常混乱，在场的工作人员包括警察全都出动了但仍然维持不了现场秩序，最终有人因踩踏受伤。此次波折深深触动了管理部门，为了保证安全地发行股票，中国人民银行上海市分行和兴业房产商量后，决定采用30元1份股票认购证的发行方案。

图 1　1992 年上海股票认购证（中国证券博物馆馆藏）

1992 年 1 月 13 日，管理部门推出了新股发行办法，当年股票发行实行认购证摇号中签购股，认购证每份收费 30 元，有效期 1 年，单位和个人均可在规定时间到银行办证。在这个发行办法中，基于两点可确保股票安全发行：一是在长达一个月的时间内在各大银行网点随时可以购买；二是无限量发售，有多少需求就供给多少。这样就避免了类似江湾体育场人潮汹涌的局面，消除了股票发行中的秩序混乱隐患。

1992 年的股票认购证印制精美，封面烫金，封底印着“股市有风险，入市需谨慎”的字样，内有一式四联的可复写凭证，要求投资者填写自己的姓名和身份证号码，并注明 1992 年全年的股票发行须凭认购证，认购证发行所得的资金将全部捐给上海福利事业。从兴业房产股票发行的无成本领取预约券，到 30 元一份的股票认购证，这种方式吓退了一大批盲目购买股票的投资者，导致认购证的发行出现了困难，银行除了在柜台网点零售外，还派信贷员到自身业务对口的工矿企业去推销，即使这样，销售情况仍很冷淡。到 2 月 2 日发售结束，共发售 1992 年上海股票认购证 207.6 万份，构成了封闭的摇号范围。原定全年发行 10 只股票，但由于股份制改革的力度加大，1992 年全年发行的股票多达 53 只。这样中签率将会很高，认购证一下子成了香饽饽，在黑市里被狂炒，30 元一份的认购证被炒到了 600~1000 元，当时万国证券黄浦营业部门前成为黑市认购证的集散地，每天都聚集着众多的黄牛。从 1992 年股票认购证发行结束一直到当年的 30 多只股票发行完毕，认购证的黑市交易始终在进行着。那些最初买了认购证的人，很多一不小心成了百万富翁。例如，有一位老太太到银行存钱，被工作人员劝说买了 200 张认购证，结果被家里人责怪，等到认购证发行结束，老太太意外成了富婆，老太太的媳妇为了这 200 张认购证的归属，最后和老太太走上了法庭。这种因为股票认购证而产生的悲喜剧，还有很多。

## 朱镕基批评上海思想不够解放

1992年3月，全国两会召开，朱镕基同志在七届全国人大五次会议上海代表团全体会议上，批评上海的思想还不够解放："我最近研究了下股份制，找了深圳和上海两家证券交易所的理事长和总经理来座谈。我本来认为上海的证券交易所建在深圳之前，可能要比深圳的更好，结果却得出相反的结论，还是深圳走在前面。"当时朱镕基已经不是上海市市长，而是主管全国经济的副总理，他在会上对上海的证券业发展现状很有意见，要求上海加快股份制工作。朱镕基说："这里面是不是反映出一个问题？就是上海自己的思想还不够解放。我总结了上海和深圳股票市场的差距：第一，深圳发行的股票是33亿股，现在总市值是100亿元，而上海只发行了3.49亿股，与深圳相差了近9倍。第二，在上海上市的公司没有几家是有名的企业，还是1986年搞的那几家公司。第二批上来的有几个像样的了，如上海第二纺织机械厂、嘉丰棉纺厂、凤凰自行车厂等，但经验还没有总结出来。第三，上海的股票价格只有两家公司放开了，而深圳的股票价格是全放开的。放开就有风险，我们还没有经历过这个风险。第四，深圳的股票经过大起大落，人民群众的风险意识和金融意识得到了锻炼，上海的股票现在还是一个劲儿地往上升，还没有真正下来过呢，谁知道下来的话是什么结果啊！听说最近股价稍微下来一点点，马上就有几十个人到市政府上访。这些人还不知道什么叫股票，认为社会主义的股票是只准升、不准降，风险都在国家，那怎么了得！……深圳的股价去年最高的时候超过发行价120倍，发行的1元钱股票后来卖到120多元，但现在已经下来了。不仅下来了，而且还稳住了，这说明它经过了一次考验，将来还会有多次考验，而上海是一次考验还没有经过，你们会有睡不着觉的时候……所以我个人意见，要让他们大胆地试、大胆地闯，不要限制过多。我不是说要你们不按上级的规定做，我的意见是上级应该让试点的单位大胆地去做，大胆地去闯。束缚过多，就始终建立不起风险意识和市场。还是要放手一点，让他们去闯。"朱镕基对上海证券市场的批评引起了上海市主要领导的注意，他们立即着手加快推进相关工作，积极采取行动推动上海股市发展。

## 上海股份制大发展

随后，上海股票发行的节奏明显加快了。当时中纺机只花了一个星期左右的时间就开始发股票了，招股书也非常简单，在报纸上就半个版面。1992年5月下旬以后，上海高效率地发行了34家公司的股票，并于6月底完成了全部验收交款工作，发行总额达55.98亿元，其中向社会法人招股5.2亿元，向个人招股3.96亿元。7月底发行市场又开始摇号招股，继续发行8亿元的股票。截至年底，全年共发行包括爱建公司在内的新股53只。当年一共发了7批，上海南京路上的一大批国企，比如第一百货、华联百货、食品一店、服装一店……都是那时发行上市的。

1992年，上海还推出了电真空B股。由于港澳台居民和海外华人都很想买内地的股票，但是没有身份证买不了，同时企业也很需要外汇资金，所以就推出了面向境外居民的B股。

当时上海在发行股票的过程中还做了许多创新，笔者也亲身经历了当时的管理决策过程。当时，中央给上海批复了4亿元人民币的A股额度和1亿美元的B股额度，但是规定A股和B股不能低于公司总股本的一定比例。当年上海发了53家公司的股票，A股和B股的发行额度是完全不够用的，所以总股本盘子不能太大。于是，我们变通了一下，对股份做了区分，对于国家股，也就是原来国有企业资产评估后全部折成的股份，不按一股一元钱算，否则整个公司的总股本盘子太大了。我们把一股按净资产数元钱算，这样股份数就小下来了。比如，一家公司资产评估后是5000万元，国家股就是1000万股，变成5元钱一股，股份数就小下来了。市场上面向个人发行的股票，一种是A股；还有一种是有条件的，需要面向境外募资的公司可以发B股，因为额度紧张，一般允许发A股的公司暂时就不允许发B股了。

另外，上海还设计了法人股。这是我们的独创，法人股就是由法人单位买的股票。当时既要通过股票市场来筹措资金，又要坚持公有制为主导，所以要国家或者全民、集体所有制企业法人持有主要股份。A股和B股是面向个人的股票，和国家股、法人股是相对的。但是当时法人股出来后，一些腐败现象也跟着

图2　上海真空电子器件股份有限公司人民币特种股票（壹佰圆）（样票，中国证券博物馆馆藏）

出现了，买个人股是要认购证的，认购证则是要摇号的。法人股是单位购买的，门槛比个人股低很多，很多投资者买不到股票，就出现了一些变相的法人股，即以单位的名义买股票，但实际上钱都是个人集资的。当时主管上海市金融工作的副市长庄晓天曾说：“我们很担心这个问题，为了防止国有资产流失和保持控制权，最终决定法人股不能上市。其实，这只是当时的一个临时性措施，没想到影响到了股市，甚至影响延续至今。”直到 2005 年股权分置改革完成后才解决了法人股上市流通问题。

## 上海放开股价与交易所创新

上海证券交易所 1990 年 12 月 19 日正式营业，当时上市的股票仅有 8 只，俗称“老八股”，即延中实业、真空电子、飞乐音响（小飞乐）、爱使股份、申华实业、豫园商城、飞乐股份（大飞乐）、浙江凤凰，这 8 只股票能流通的面值不足 8000 万元，造成 1991 年上海证券市场供求关系严重失衡，股价空涨。

上海证券交易所最早实施的是涨跌停板制度。从 1990 年 12 月 19 日到 26 日，涨跌幅度限制为 5%。由于“老八股”连续涨停，股票供不应求，为控制市场风险，从 12 月 27 日起，涨跌幅度限制调整为 1%。自 1991 年 1 月 7 日起，上海证券交易所进一步把涨跌幅度限制调整为 0.5%，并一直实施到 1991 年 4 月 26 日。此后，又恢复到 1% 的涨跌幅度限制，直至 1992 年上海证券交易所着手放开股价。在实施 1% 和 0.5% 涨跌幅度限制的那段时间，上海证券市场交易量极

上海延中实业股份有限公司股票
中国人民银行上海市分行 1985 年 1 月 2 日（85）沪人金股第 1 号文批准
股份额伍拾万股　　每股金额人民币壹拾元整
中国人民银行上海市分行 1990 年 9 月 24 日（90）沪人金股第 1 号文批准
增股额伍拾万股　　每股金额人民币壹拾元整
股份总额壹佰万股　　总计壹仟万元
股东
本股票股数伍拾股计人民币伍佰元整
股票期限　不限期
董事長
发行日期：1985 年 2 月 17 日
增发日期：1990 年 9 月 28 日
股票号码：VX0003264

图 3　1990 年上海延中实业股份有限公司股票（中国证券博物馆馆藏）

小，有的股票甚至连续几天没有交易。深圳证券交易所早期的涨跌停板制度与上海证券交易所基本相同，但自 1991 年下半年起，深圳证券交易所逐步取消了涨跌停板制度。

1992 年 3 月，朱镕基在厦门召集上海、深圳两地领导人汇报证券市场工作，批评了上海的不足。上海方面很快开始着手解决上海股市发展不足的问题，其中的重要一步就是放开股价，取消涨跌停板。放开股价的意义在于尊重市场，充分利用市场规律调节市场。

其实，从 1992 年 2 月 5 日起，上海证券市场管理层已经开始逐步放开股价。2 月 18 日，先放开延中实业、飞乐股份的股价，结果两股价格大幅飙升，延中实业涨幅达到 70%，飞乐股份涨幅为 46%。4 月 13 日，又将飞乐音响、真空电子、浙江凤凰的涨跌幅限制放开为 5%。5 月 21 日，上海全面放开股票价格，饱受涨跌幅限制的上市新股突然爆发，成倍上涨。上证指数从 20 日的 616.64 点涨到 21 日收市的 1265.979 点，涨幅达 105%。到 5 月 25 日，上证指数已飙升至 1420.79 点。上证指数及个股，不论是绝对涨幅还是相对涨幅，都创下了股市空前的纪录。

时任上海证券交易所总经理尉文渊为此做了许多工作，他 1990 年担任上海证券交易所首任总经理，当时上海证券交易所是中国人民银行上海市分行下属的一个处级单位，尉文渊也自嘲自己是全国最大的处长。起先中国人民银行上海市分行在证券监管方面对交易所限制比较多，后来经过市里面协商，交易所被划到上海市计划委员会，而它管得比较宽松，尉文渊在交易所管理方面得到了很大的自主权。尉文渊后来回忆："我花了很长时间做有关部门的工作，但阻力很大。最后迫不得已，我自主做了全面放开股价的决定，经过几个步骤，到 1992 年 5 月 21 日实现全部放开。当时那么做不少人有意见，有些人还提出要撤我的职。我也知道擅自'闯关'，个人可能要付出代价，在给市领导写信时也坦言准备被'撤职'，不过这一步总算走出来了。"

此外，在 1991 年股份制试点范围很小的情况下，上海股市关门练内功，建立以无纸化计算机自动交易中央结算为核心的业务技术体系，这也是尉文渊的功劳。他自 1990 年海外学习考察回来以后就准备搞无纸化，所以 1992 年上海证券交易所上市的股票就没有纸质的了，只需在系统里登记一下即可。笔者 1993 年和 1994 年曾先后到纽约证券交易所和新加坡学习考察，那时他们的股票都是纸质的，包括香港也是纸质的。所以尉文渊的做法当时是很超前的，这套体系在全球证券市场上也是相当先进的自主创新和技术创新。可以说，如果当时没有建立起来一套先进的业务和技术体系，中国股市要发展到今天的规模，运行效率和成本都将是很大的问题。

## 全国性证券营业网点开始形成

1992 年初，上海的证券营业网点只有几十个，而投资者却有几十万人，股市的火爆导致开市时几乎所有营业网点都门庭若市，散户们排队挤得浑身湿透也不一定能抢到股票买卖委托单。在紧邻上海证券交易所的爱建金融信托公司营业部，许多投资者扛着躺椅和被子通宵排队领委托单，原因是营业网点太少，交易所席位不足，一个营业网点一天只能完成几十笔交易，电话也没有，不得不限量发放委托单，导致很多投资者特别是中小投资者、散户无法交易，当股价上涨投资者获利抛售时，众多拥挤在网点大厅里的投资者往往抛不出去。黑市上 1 元钱一张的委托单能卖到 200 多元，因此投资者纷纷要求增设证券营业网点。

按照当时的规定，金融机构是不可以异地设置营业网点开展业务的。但上海证券交易所大胆试、大胆闯，开始大规模吸收全国各地的证券经营机构作为会员，大幅增设场内交易席位，从最初的 25 个席位扩大到 1992 年底的 500 多个席位。

1992 年下半年，中国人民银行上海市分行开始对证券营业网点给予大力支持，允许外地银行下属的信托公司在上海设立业务部，业务部成为交易所的会员，然后业务部下面可以设一个或多个证券营业部。这样全国投资者就可以互相买卖股票，市场被打通了，上海的股市通过外地证券营业部的连接真正成了全国性的市场。

## 上海文化广场“大摆摊”

虽然外地证券经营机构可以在上海开设营业部了，但是营业部的设立，需要选址、装修、人员、设备、走程序，要正式开业尚需时日。由于证券营业部不属于证券交易所的管辖范围，一些外地的会员公司都已经把营业部装修好了，但是按规定要先走程序才能开业。交易所和投资者都很着急，于是上海证券交易所根据投资者的建议，在上海文化广场搞了一个超大型的证券营业部，文化广场当时可以容纳上万人在那里看表演，可以缓解由于证券营业网点不足而造成的大量散户挤不进交易跑道的问题。尉文渊对此回忆说：“其实文化广场的超级营业部从 6 月起到当年 12 月关闭，是违反规定开设的，那一年我做了不少这一类违规的事情。”

1992 年 6 月 1 日，文化广场上的证券营业部第一次开门，当天来了 4 万人左右，完全出乎交易所预料，但文化广场装不下这么多人。因为安全问题和准备不足，尉文渊不得不宣布临时关闭文化广场证券营业市场，弄得上海全市沸沸扬扬。考虑到当时确实有增设证券营业部的现实需要，在上海市政府有关部门的协调下，6 月 9 日，重新布置的文化广场证券营业市场再度开业恢复交易。数十家证券公司陆续进场，最多时有 100 余家。各公司一字排开，摆摊设点，每家有两部电话直通交易所。当时文化广场上经常出现这样的奇观：股价上涨，广场上一片掌声；股价下跌，广场上一阵叹息。大众的情绪在这个广场上被加倍放大，而在宽敞开放的场所进行的自由交流，也使广大投资者及证券从业人员接受了最直接、最通俗的股票及投资知识普及教育。上海本地早年投资者中相当多的一批人、上海证券交易所相当多的一部分会员，都是从文化广场走出来的，经历过文化广场证券“大摆摊”。开业之初，文化广场只接受卖单委托，先解决散户抛单难的问题。到 8 月时，才开始受理买单委托。这一特殊历史条件下的“大摆摊”，大大缓解了当时上海证券交易网点、设施不足的矛盾。

随着更多的证券机构如雨后春笋般出现，文化广场交易点失去了存在的意义，交易所管理层决定在12月23日后撤销文化广场证券营业部，大型集中的散户市场完成了其历史使命。

## 深圳“8·10事件”

1992年8月10日，深圳发生了百万人抢购新股认购证的风波。1992年8月7日，中国人民银行深圳市分行等联合发布1992年度《新股认购抽签表发售公告》，宣布发行社会公众股5亿股，发售抽签表500万张，一次性抽出50万张有效中签表，中签率为10%，每张抽签表可认购1000股。消息见报后，马上就有人在一些发售点排起队，大量来自各地的人群涌入深圳。深圳某邮局收到过一个重达17.5公斤的包裹，里面竟然是2800张河南洛阳某乡群众的身份证。当时进深圳要有特区通行证，很多人是开不到通行证的，但深圳农民早已形成一条龙服务，带路钻铁丝网，每位40元。从8月7日下午开始，全市300多个发售点前就排起了长龙，排队者不分男女老少，前胸贴后背地紧紧拥抱在一起，这样才能防止别人插队。8月9日凌晨，数十条“长龙”出现在深圳街头，少的几百人，多的几万人。尤其是深南路与红岭路交界的十字路口附近，左边的金融大厦排队人数达5万名，而右边的红岭大厦也有2万人，相隔不远的发展大厦也有不低于1.2万人。仅深南路十公里沿线，排队的人数就超过了15万人，而且不断增长，远超过官方预计的60万人。

8月9日上午8时，深圳市303个网点同时开始发售抽签表，但怪象频生。有的发售点开门营业没多少时间，便宣布抽签表卖光了；有的数千人的排队队伍中，只有30多人买到抽签表；还有的发售点刚刚宣布卖完，便有“黄牛”手握数以百计的抽签表登台亮相，以每张500元至800元的高价四处兜售。晚上9时前后，所有的抽签表被宣布售完。上百万人兴冲冲而来，两天两夜苦候，却没有几人买到抽签表。由于缺乏经验、组织工作不严密，再加上利用关系走后门等不正之风和舞弊行为，新中国股市历史上的第一个恶性事件在猝不及防中爆发。当天晚上，大量股民走上街头，打出“反对贪污，要求公开”“反对欺骗，公平惩办营私舞弊者”等横幅，到市政府门前请愿游行。市中心各大马路全部瘫痪，商店被砸，警车被烧。8月10日晚11时，深圳市市长助理出面，会见请愿者，宣布了市政府的五项通告，决定再增发50万张抽签表以缓解抽签压力。但是人群仍未散去，至当晚12时，警察与示威者开始发生冲突，深圳警方拘捕了12名“闹事分子”。8月11日下午2时，新增发的50万张抽签表兑换券开始发售，次日全部售完，秩序良好。当晚深圳市市长郑良玉发表电视讲话，号召市民识大体、顾大局，珍惜深圳特区来之不易的安定团结局面，事态才渐渐平息。

深圳“8·10事件”生动地展现出中国早期股市

不成熟不完善的一面，并直接促成了全国统一的证券管理机构的诞生。

## 国务院证券委员会和中国证监会成立

在中国证监会成立以前，股票市场由中国人民银行归口管理，下设金融机构管理司具体负责。但是当时股份公司的试点是由国家体改委管理，涉及国家计划项目、资金总量的事情则是由国家计委管理。此外，当时上市公司主要集中在上海、深圳，上海证券交易所和深圳证券交易所也都是由地方政府管理，但是投资者却是全国的。这样的管理体制容易导致股票市场时而多头管理，时而无人管理的局面。

深圳“8·10事件”的爆发凸显了上述股票监管体制的弊端，由于技术问题没有处理好，结果导致了政治问题，这对中央的震动非常大。事件平息后，国务院决定成立专门的证券监管机构。1992年10月26日，由13个部委负责人组成的国务院证券委员会和负责对证券市场进行日常监管及具体执行的中国证监会成立。国务院副总理朱镕基兼任国务院证券委员会主任，刘鸿儒担任中国证监会首任主席。中国证监会的设立参考了香港的模式，即设立一个准政府机构，不属于政府部门，但执行政府职能。这样设计的原因在于证券监管的专业性很强，需要吸收专门人才，待遇要高于一般公务员。如果设立为政府部门的话，无法解决待遇问题。所以，中国证监会至今仍是事业单位。

中国证监会的成立，标志着在统一监管方面的巨大进步。但成立之初还有一些遗留问题待解决，比如证券经营机构仍归中国人民银行管理，上海证券交易所和深圳证券交易所在行政上归地方政府管理，但业务方面归中国证监会管理；国务院证券委员会下设了办公室，其工作和证监会基本重复等。后来这些问题都逐步得到了解决，证券经营机构的管理由中国人民银行移交中国证监会，上海证券交易所和深圳证券交易所由中国证监会统一管理，1998年国务院证券委员会与中国证监会合并，其办公室也并入中国证监会。

## 暴涨暴跌与政府救市

1992年5月21日，上海证券交易所全面放开股价，当天发生了“股市大爆炸”，上证指数从616.64点暴涨至1265.979点，各股平均涨幅达105%，新上市的二纺机等5只股票则上涨192% ~ 470%。5月25日，上证指数继续向高峰挺进，达到1420.79点，其中豫园商城在5月21日、22日两天内完成了从7000元到8000元再到9000元的三级跳，并最终于5月25日达到令人咋舌的10009元，成为一只天价万元股。5月29日，沪市平均市盈率达到疯狂的250.06倍。

物极必反，此后股指一路下滑，熊态初显。8月7日，上证指数跌至1005.95点，险些跌破1000点大关。8月9日周日，《新闻报》刊登了时任上海市体改委副主任蒋铁柱的讲话：“最近上海有15只股票的平均价格是面值的数十倍，若在此时我们抛售一部分股票，就能赚进数十倍的现金，对于平抑目前过高的股价也有积极作用。”8 月 10 日周一，《上海证券报》又刊登了当日将举行第 4 次认购证摇号的消息。上午开盘后，股价即以排山倒海之势连续三天狂泻，最低跌至 580 点。

此轮大跌中，一些可以自营的证券机构受令进场托盘，一度起到了一点作用，使股市止跌回稳，但最终无济于事。上海某证券公司顾问后来谈及此事时说：“8 月 5 日前后，就开会通知，机构可以入市，做股票的自营。后来，又增加了 2 家外地公司。但我们是独立核算自负盈亏的，面对这样的市场条件，怎敢冒托盘亏损的风险？ 8 月 10 日上午，我们证券公司虽然按要求吃进了一点，但根本无济于事。”一位“红马甲”说：“早些时候机构就试图托盘了，但没有成功。这些机构流露出一种想法：与其不死不活托不上去，还不如按市场规律行事，加速股价恢复，到它所能承受的支撑点上去。”

当时上海市也试图采取一些措施救市，即法人股不许上市、新股上市节奏放慢等。当时因为股市行情不好，分管上海证券交易所的中国人民银行上海市分行副行长周芝石还受到人身攻击甚至威胁。《上海证券报》上“股市有风险，投资需谨慎”的标语就是那时候由上海证券交易所首任理事长李祥瑞提出来的。

1992 年 10 月 12 日，党的十四大召开，上海的新闻界评论“上海股市突飞猛进”，一改以往宣称“股市过热”的论调。报纸还称赞华夏、国泰、南方三大证券公司的建立，说这将对股价起到杠杆调节作用，将给投资者们带来托盘资金注入的希望，但市场对此反应平平。10 月 26 日，参加第 4 批认购证摇号的 7 家公司开始办理认购缴款手续，当日股市大跌，个股平均跌幅都在 10%。10 月 27 日，股市收于 450 点，再创新低。至 11 月 13 日，上证指数一度跌至 393 点，创下熊市以来最低点。就在此时，上海股市因为两条利好消息迎来了转机：一是电真空、爱使股份、申华实业将拆细为每股面值 1 元；二是当时盛传江泽民同志将在中国证监会主席陪同下来上海考察，这一传闻刺激市场上扬（实为传言）。11 月 23 日，三只将拆细的老股电真空、爱使股份、申华实业与新股联农、冰箱压缩上涨，带动股指启动。截至 11 月 30 日，上证指数以 724 点收市，相比 10 月底的 507 点上涨了 42.8%。

## 结语：1992 年的股市特征与历史意义

回顾 1992 年的中国股市，可以发现其具有以下几个鲜明的特征。

一是规模化。上市公司的数量、股票的数量、投资者的人数、营业部及中介机构的数量都有了大幅增长，并由上海地区向全国扩展。

二是市场化。股价放开就是当时推进市场化的一项重要举措。直到 1996 年又限制涨跌停板幅度为 10%。

三是法制化。当时的证券市场还有很多漏洞，很多制度也是从那时候起逐渐建立起来的。比如，当时证券营业部是可以挪用投资者资金的，股市从1500点跌到300多点的时候，很多挪用投资者资金的案子暴露出来，也因此抓了很多人，后来才制定了证券账户和资金账户分离的制度。

四是国际化。我们在推行B股时实际上就是进行了国际化，当时我们做了很多创新。而H股则是1993年中国证监会推动实施的。

1992年的股市发展进程对我国证券市场的发展乃至对我国经济的发展所产生的影响是极其深远的，它的历史意义至少表现在以下三个方面。

第一，它冲破了长达数十年的传统计划经济体制及意识形态的禁锢，在改革开放政策的推动下，出现了一批“吃螃蟹的人”。正是由于有了这些敢于改革、敢冒风险的人顶着巨大压力的大胆探索，才有了证券市场绝迹多年后的重新出现，也才有了此后我国证券市场超越常规的发展。

第二，这一年的证券市场在其发展过程中积累了大量的经验教训，从而为后来的大发展提供了许多极有价值的借鉴。比如，在法律法规的完善、证券监管体制的设计、股票发行方式的试验、证券交易所规则的制定等方面，这一年所暴露出来的问题和缺陷为后来的不断完善提供了不少鲜活的素材。

第三，股票市场大发展所透露出来的中国改革开放的坚强决心在国际上引起了强烈反响，也给国内民众发出了进一步坚定改革开放的信号。

1992年，是之前中国股市探索和积累到一定阶段后总的爆发、奠基和跃进的一年，具有深远的历史意义。■

（题图照片：中国证券博物馆“日出江花红胜火——中国资本市场改革开放历程展”，拍摄：丁夏慧）

■ 作者简介

范永进，上海爱建集团股份有限公司党委书记、副董事长，上海金融文化促进中心理事长。曾在上海市政府外国投资工作委员会、上海市证券管理办公室、上海上市公司资产重组领导小组办公室、上海市金融服务办公室等单位工作，长期参与负责资本市场和金融中心建设工作。

# 发扬艰苦创业精神
# 建设世界一流期货市场

王和生

中国期货市场从无到有、从小到大、从低到高，经历了三十年的风风雨雨，如今取得了历史性的成就。笔者作为期货市场起步时期的参与者和建设者，由衷地感到高兴。

笔者于20世纪50年代进入上海市粮食局后，长期从事计划经济时期的粮油工作。随着我国改革开放，市场经济逐步发展，粮油流通逐步放开，在建设各级粮油批发市场的同时，建设高一级的期货市场被提上了议事日程。20世纪90年代初，商业部（1993年上半年改为国内贸易部）与上海市人民政府达成共识，拟在上海建立一个面向全国的粮油期货市场。于是，上级领导责成上海市粮食局负责这项筹建工作。1991年11月，上海市粮食局副局长贺涛同志与我承担起了这项重任，并从各单位抽调8位同志成立了筹建小组，开始了艰难的筹建工作。

“一穷二白”起家，难度可想而知。首先要学习期货的基本知识，起草可行性方案；其次要筹措资金，建设市场硬件等。

商业部和上海市委主要领导提出，在上海建期货市场既要有新思路、高起点，又要结合中国的实际。当时大家脑海里对于期货市场还是一片空白，了解中国的市场状况、学习有关期货知识成了筹建工作的首要任务。我们到处寻找关于期货知识和市场建设的资料，一本介绍美国期货市场及期货知识的书《美国金融市场新知识》成了我们的学习手册，大家人手一本，边学习边讨论。同时，我们组织力量调查上海粮食市场的发展历史，了解新中国成立前后上海米面市场的产生、发展和运行情况，从中吸取有益的经验。我们还选择在全国已建立的几个区域性粮食、肉类批发市场进行调研，了解其建立的条件、运行的模式、交易的情况以及对搞活流通、促进生产的作用。

1991年底，经过一段时间的学习和调研，我们拟订了关于筹建上海粮油商品交易所的可行性方案。鉴于当时中国已逐步向粮食商品化、经营市场化的方向发展，结合已建立的粮食批发市场运行中存在的问题，我们认为，在上海开办一个高层次、高起点、多功能的粮食市场不仅十分必要，而且条件成熟，初步设想是从中远期合同起步，选择几个现货流通量大的粮油品种进行期货交易试点。我们就试点方案向商业部领导汇报了七八次，又请中央有关部门的专家、学者论证方案，大家对方案众说纷纭。由于对市场运行模式和上市粮油品种（如粳米）争议较大，方案一时定不下来，也落实不了。

1992年，邓小平南方谈话发表后，我们进行了传达学习，大家豁然开朗，拨开了对市场经济认识的迷雾。同年3月31日，上海粮油商品交易所成立，随即由时任上海市副市长庄晓天带队，组成上海市商业代表团于6月赴日本、美国考察期货市场。考察回来以后，根据市委主要领导“上海市场起点要高一些，要发展期货”的要求，对可行方案几经修改，再次明确提出直接从期货起步的可行性和必要性，上市面向全国的粮油等农产品，得到了商业部和上海市政府领导的基本同意。1993年1月，商业部、国家体改委、上海市人民政府正式向国务院报送《关于开办上海粮油商品交易所、试办期货市场的请示》。接下来，我们

图1　上海期货大厦

图 2 上海期货交易所交易大厅

就集中力量拟订期货交易品种、设计标准合约、起草交易规则及市场管理等制度，同时筹集、落实建设资金，着手硬件建设。

在硬件建设上，上海粮油商品交易所先在浦西良友饭店开业运营，后在浦东陆家嘴金融贸易区参建良友大厦大楼，于1998年建成并迁入运营。

为解决建设资金需求量大的问题，我们在上海市政府和商业部的大力支持下，采取了多方筹措的办法：一是向建设银行浦东分行申请贷款；二是上海市政府通过财政设法筹资；三是争取世界银行贷款。我们花了九牛二虎之力，共筹资5000多万元。

在一年零七个月的筹建工作中，大家本着艰苦创业、勤俭节约的精神，尽量减少各种费用开支。一开始没有办公场所，大家就背包流动办公，“打一枪换一个地方”；没有办公经费，就各自回原单位领薪水、文具用品，报销日常开支；没有招待经费，我们就将一些同志的稿酬集中起来使用；外出调研考察时，能步行的步行，有自行车的就不坐公交汽车。大家共同为建设市场添砖加瓦。

1993年6月30日，上海粮油商品交易所试营业，由时任上海市副市长孟建柱敲响了开市的铜锣。上海粮油商品交易所是国内首家直接从期货交易起步的交易所，推出了期货标准合约交易，诞生了第一部由地方政府发布的期货交易法规《上海粮油商品交易所管理暂行规定》（上海市人民政府令1993年第39号），建立了国内第一套较为完善、规范的期货交易制度《上海粮油商品交易所期货交易业务试行规则（1993年版）》，特别是在控制交易风险、防止过度投机、保证公平交易等方面开创了国内期货交易制度的先河，为早期期货市场建设作出了制度贡献。如设置结算保证金（相当于开仓押金）同交易规模联动；对保证金采用每日结算的制度；对会员持仓保证金实行按总持仓收取的办法；设置头寸限制的制度；实行统一登记开户制度，既管会员又管客户账户等。

交易所开业后，交易量逐步上升，超出了原来的预计。推出的11个粮油期货交易合约，8个有交易量，其中4个合约交投活跃，占到交易量的90%以上，成交量逐月成倍上升，特别是粳米期货合约的成交量不断扩大，成为中国期货市场最为活跃的一个品种。这引起了美国、日本同行和相关部门的关注，国外同行曾派出专家组团前来考察。1993 年 10 月美国前农业部部长迈克·埃斯波访华，他怀着极大的兴趣专程到访交易所，他说："上海粮油商品交易所十分成功。这是中国政府的一个大胆试验，它清楚地说明了中国领导人有决心把中国建成一个向市场经济发展的国家。上海粮油商品交易所的建立也向世界发出了一个信号，中国在整个世界贸易体制中占有十分重要的位置。"

当然，中国的期货市场在短时间内走过了发达国家一百多年才走完的道路，发展过快，缺乏经验，难免有些先天不足。回顾中国期货市场三十年的历程，深深体会到当年起步的艰难、前进的曲折。几经整顿组合，上海金属交易所、上海商品交易所、上海粮油商品交易所三家交易所根据国家统一部署，于 1998 年合并，组建成了上海期货交易所。上海期货交易所逐步成熟，逐渐发展壮大，从商品期货到期权，从国内走向国际，交易规模逐步扩大，管理越来越规范，风险调控能力不断增强，产品定价影响力也不断提高。希望上海期货交易所珍惜来之不易的发展成果，发扬艰苦创业精神，防范金融风险，坚持为实体经济服务的方向，全力以赴、改革创新，为建设世界一流交易所的目标而不懈努力。■

（本文为中国资本市场"三十年　一句话"征集活动投稿）

（照片拍摄：施浩文）

■ 作者简介

王和生，中国期货市场早期参与者、建设者。1955 年任上海市粮食局计划处、郊区处副处长；1991 年参与筹建上海粮油商品交易所，任筹建处副主任，后任交易所副总裁；1996 年退休后续聘两年，至 1998 年三所合并成立上海期货交易所。

# 铁骨响铮铮　奋蹄稳前行

## ——回顾深圳证券交易所成立 30 周年感言

曾小梅　蔡　涛　黄庄鹏

四十年春风化雨，四十年春华秋实。2020 年是深圳经济特区成立 40 周年，也是资本市场建立和深圳证券交易所开业 30 周年。习近平总书记在深圳经济特区成立 40 周年庆祝大会上发表重要讲话，总结了深圳经济特区 40 年改革开放、创新发展积累的宝贵经验，对新时代深圳经济特区建设提出六项明确要求，对深圳经济特区党的建设和精神文明建设作出重要部署。

作为一名深圳人、一名深交所人，不禁赞叹与感慨万千。特别是近期，深圳证券交易所组织所内员工参观了深圳证券交易所 8 楼博览中心，观看中国资本市场口述历史纪录片，倾听“改革先锋”称号获得者禹国刚亲述深圳证券交易所开拓历程等，激扬起了我们火热的奋斗豪情。

作为深圳经济特区改革开放的缩影，深圳证券交易所从无到有、从有到优，从手工交易到计算机交易、从一户一票到一手一票、从实物证券到记账证券、从区域市场到全国市场、从全国市场到国际市场，这五个跳跃式发展，无不体现着深交所人敢闯敢试、敢为人先、埋头苦干的特区精神。

万事开头难，特别是在深圳证券交易所筹备初期，深圳资本市场专家小组组长禹国刚从中国银行深圳分行借了一套房子作为办公室，又借来了桌椅、板凳、被褥，小组成员们就在这里开会、吃饭，翻译与借鉴境外的法律法规，《深圳证券交易所筹建资料汇编》便是在这种艰苦环境下诞生的。

1990 年 11 月 22 日，时任深圳市委书记李灏、市长郑良玉在深圳证券交易所筹备组现场办公，在听取介绍和观看交易流程演示之后，当场决定深圳证券交易所尽快开始集中交易。

1990 年 12 月 1 日，深圳国际信托大厦 15 楼，深圳证券交易所第一任副总经理王健拉动开市钟钟绳，清脆的钟声在大厅内响起，深圳证券交易所从此起步了！

图 1　1990 年 12 月 1 日，深圳证券交易所达成第一笔交易

图 2　1990 年 12 月 1 日，深圳证券交易所敲响试营业开市钟

## 紧跟时代：从手工交易到计算机交易

早在 1989 年深圳证券交易所筹备期间，就已与工商银行深圳市分行联合开发了 IBM4381 大型计算机股票交易系统。但为了避免开业当天计算机交易出现故障，确保交易过程万无一失，深圳证券交易所开业之初仍采用口头唱报和白板竞价相结合的手工竞价方式。顾客买卖有价证券，需先到证券公司营业部填写委托书，证券公司营业员将顾客委托书记载的内容通过热线电话传到交易所集中市场，身着“蓝马甲”的出市代表接到指令后，立即登录，交给身着“红马甲”的出市代表。后者以最快的速度跑到红地毯上用手势口头唱报，并将买卖盘写在白板上方的左右两栏，按照价格优先、时间优先、顾客委托优先等原则进行公开竞价。

深圳证券交易所开业后，深圳证券市场发展迅

图 3 1991 年7月2日，深圳证券交易所开业新闻发布会

猛，老股民们因排队炒股心情焦躁，券商手工交易不堪重负，日日加班至深夜却无法平息投资者的怨气。同时，手工交易透明度较差，一位女交易员利用手中权力连续改了 3 次报单，以权谋私。王健发现后，坚决地把她清退了，并责令该券商停业 3 天。

幸运的是，深圳证券交易所运用计算机进行交易的理念从未中断，只是稍微改变了做法，暂时不在大型计算机上“做文章”，而是先将运用重点放在微机上。

1991 年 3 月 20 日，深圳证券交易所推出微机辅助交易系统，实现了手工作业向计算机化操作的初步转变。

1992 年 2 月 25 日，深圳证券交易所正式启用计算机自动撮合竞价系统，替代口头唱报和白板竞价。

1993 年 7 月 28 日，深圳证券交易所推出 TANDEM 大机网络自动交易系统，实现了“三级跳”。

令人难以置信的是，从 1993 年 4 月深圳证券交易所电脑部受命开发新交易程序，到 1993 年 7 月 28 日推出计算机自动撮合竞价交易系统，只用了不到 4 个月的时间，而在电脑部接到任务时，开发项目的工程技术人员甚至不知道在哪儿。但奇迹正是被逼出来的。白天新招聘的技术人员学习计算机系统，晚上加班了解证券交易系统运行知识。人人都知道自己肩上的重担，夜以继日地完成任务，编程后期更是犹如决战时刻，有人眼睛被撞伤了也坚持在工作岗位上。技术人员连续三个多月每天加班至深夜，常常因为大厦电梯晚上停止运行，被保安人员催促才回家。

可以说，深圳证券交易所从手工交易到计算机交易的转变，是无数默默无闻的员工敢闯敢干、精诚合作、不辱使命的智慧结晶。

## 务求实效：从一户一票到一手一票

深圳证券交易所进行集中交易后，首要任务是将股东名册集中登记，把原来“一户一票”的股票换发成标准股票。在未进行集中交易之前，投资者手中的股票是“一户一票”，即无论买了多少股股票，投资者手中都只有一张标明实际购买数量的纸质股票。在实际交易中，实物股票交易手续极其烦琐。如果投资者想要将手中的股票卖出一半，必须重新打出两张纸质股票，再将其中一张交给买家。深圳证券登记公司借鉴了香港证券市场转手纸的设计，设计换发“一手一票”的标准股票。面值统一规定为每股1元，每500股或者100股为1手，每一手发行一张标准股票。

在当时进行柜台交易的5只股票中，深安达的股东人数相对较少，换发标准股票也是从深安达开始的。崭新的标准股票被重新设计、印刷、盖上钢印、清点、分拣、装袋、核对，再交到投资者手里，烦琐的过程要求员工必须认真细致、吃苦耐劳。

1990年11月26日，深圳证券登记公司开业，不少投资者拿来家里的深安达股票，凭身份证开户登记好之后，换成新的标准股票，而这也是投资者第一次拥有了股东账户卡。

1991年4月3日，其余4只股票的换发标准股票工作结束，深圳证券交易所自此全部以标准股票实行集中交易，“一手一票”完全替代了“一户一票”，最大限度地减少了操作次数，使市场效率大幅度提高。

## 勇于创新：从实物证券到记账证券

尽管深圳证券市场实现了“一户一票”到“一手一票”的飞跃，但投资者手中的实物标准股票仍面临着遗失、盗窃、仿冒的风险。同时，实物股票印刷、

图4 1991年12月18日，深圳9家上市公司B股承销签字仪式

交收过程费时费力，效率低下，难以适应迅速发展的股市交易需求。

在此背景下，1991 年 12 月 28 日，深圳证券市场开始实施《股票集中托管实施细则》，要求投资者须在券商处开立托管账户，在何处托管的股票就在何处卖出，已经托管的股份可以转托管，未办理集中托管的股票不可交易，股票交易的清算、过户登记、交割都实行账面记载制度。

在集中托管细则实施之前，许多人对此尚有异议，认为投资人不习惯记账证券，还是要拿一张票才安心。为了解决这一问题，细则规定投资者可以继续保留原有的实物股票，但是如果投资者买卖股票，则需要将股票进行托管换取股票存折，凭股票存折进行交易。

1992 年三四月份，深圳上市公司的实物股票全部进了仓库，实现了“无票交易”。

存量股票实现了“无票交易”，但新上市公司仍然在印刷股票，如何在发行阶段就实现无纸化呢？深圳证券交易所发行的南玻 B 股成了突破口。

起初，香港投资人无法接受无纸化，深圳证券交易所在坚持原则的基础上不断沟通交流，强调 B 股还是一张白纸，应该有它的“游戏规则”。最后双方经过协商，投资者花费几千港元的费用后，可持有南玻 B 股纸质凭据，但这份凭据不是纸质股票，而是股权证明书。不需要股权证明书的投资者将被记录在案，并拥有 B 股电子账户，以电子账户进行交易。

南玻 B 股成了第一只无纸化发行的股票。此后，A 股发行也不再印刷实物股票，深圳证券市场正式进入了无纸化时代。

## 知难而进：从区域市场到全国市场

深圳股市如火如荼，吸引了全国投资者的目光，深圳本地的投资者能够直接去本地证券机构进行委托交易，那其他地方的投资者想要投资深圳股市，又该怎么办呢？

1992 年，为适应全国证券市场发展的需要，深圳证券交易所及时提出“两个异地”工作发展战略。即内地符合条件经过批准的证券公司，可以成为深圳证券交易所的成员；内地符合条件经过批准的股份有限公司的股票，可以在深圳证券交易所上市。深圳证券交易所开始朝着全国性的市场发展，为全国服务。

1992 年 8 月，深圳证券交易所首批异地证券机构进场交易。自此之后，全国各地的证券机构不断加入深圳证券交易所，全国的投资者可以在当地直接参与深圳证券市场投资。短短几年，深圳证券交易所的异地会员便远远超过本地会员，覆盖了我国大部分地区。

1993 年，全国各大券商纷纷开通卫星传输深股行情系统，几十万异地投资者可以和深圳投资者一样，同步获取深圳股市的信息行情，深圳证券交易所迈出了从区域市场到全国市场的重要一步。

与此同时，深圳证券交易所还大力鼓励异地公司来深圳上市，率先推出上市推荐人制度，加快企业股份制改革。深圳证券交易所严格把关，让真正的好企业上市，努力使深圳证券交易所成为一流公司的上市地。

1992 年 1 月，深圳证券交易所首只异地股票——武汉商场股票上市。到 1993 年 7 月，已有 15 只异地股票在深圳证券交易所上市。

异地股票挂牌不但使深圳股市交易更为活跃，交易规模进一步扩大，更带来了大量的异地资金，对深圳经济发展起到了很好的带动作用。深圳证券交易所发挥优势、努力突破、开放创新，实现了从区域市场到全国市场的转变，深圳证券市场大放异彩。

## 一往无前：从全国市场到国际市场

深圳证券市场快速发展，资本市场开拓者们开始思考如何走向海外，将证券作为一种吸引外资的工具。经过反复讨论与多次赴香港考察、咨询，深圳证券交易所决定发行一种以人民币标定面值、专供海外投资者用港元购买并在深圳证券交易所挂牌交易的股票，时任中国人民银行金融管理司司长金建栋将其命名为“人民币特种股票”（简称 B 股）。

1991 年，中国人民银行总行批给深圳的 B 股发行额度即将过期作废，B 股的及时发行迫在眉睫。对于能否成功地在短时间内集中推出 2 亿元面值的 B 股，许多人心里都没有底，时任深圳市副市长张鸿义风趣地说：“我们摸着石头过河了。”正是这种面对困难勇往直前、敢闯敢拼的深圳特区精神，让深圳资本市场走出国门，走向世界。

1991 年 12 月 18 日，深圳市 9 家上市公司 B 股承销签字仪式顺利举行，以溢价方式发行约 1 亿美元 B

图 5　1993 年 4 月，卫星传送深交所股市行情新闻发布会

股，而海外投资者要求购买B股的意向数量，则超过实际发行量的5倍。

1992年2月28日，南玻B股率先在深圳证券交易所上市，深圳证券交易所通过德励财经资讯传输系统向全球150多个国家和地区展示行情。交易所大厅内，来自国家有关部门的领导十分兴奋，时任中国证监会主席刘鸿儒高兴地说："今天是深圳股市走向世界的第一天。"也是从这一天开始，深圳B股市场规模不断扩大。

时任深圳证券交易所副总经理王健提出，在市场运行上多遵循国际惯例，少一些"土特产"，多一些市场调节，少一些行政干预。深圳B股市场交易方式不断改进，深圳证券市场实现了从全国市场到国际市场的飞跃。

历史的车轮滚滚向前，改革没有止境，也没有完成时，改革是一代又一代人的接力跑。作为深交所人，我们将全面深入贯彻落实习近平总书记重要讲话精神，继承和发扬老一辈资本市场建设者勇立潮头、敢为人先的特区精神，以及务实创新、爱岗敬业的优良传统，锐意进取，奋发有为，在新时代继续把资本市场改革发展事业推向前进，努力构建与先行示范区相匹配的资本市场生态体系。■

（照片提供：深圳证券交易所）

■ 作者简介

曾小梅，深圳证券交易所办公室（党委办公室）执行经理，1994年6月进入深圳证券交易所。曾获得广东省国家保密局保密工作银质奖章、铜质奖章等荣誉。

蔡涛，深圳证券交易所信息管理部（风险管理部）高级经理，2014年9月在深圳证券交易所博士后工作站工作，2016年博士后出站留所工作至今。

黄庄鹂，深圳证券交易所信息管理部（风险管理部）干部，2020年7月入所。

专题研究

# 新时代我国资本市场全面深化改革的突出成就

万立明

党的十八大以来，习近平总书记就推进资本市场建设提出了一系列新思路、新观点和新论断，明确提出我国资本市场改革发展的新目标和新任务。习近平同志在2018年中央经济工作会议上明确提出："要通过深化改革，打造一个规范、透明、开放、有活力、有韧性的资本市场，提高上市公司质量，完善交易制度，……推动在上交所设立科创板并试点注册制尽快落地。"①2020年4月，习近平同志主持召开中央全面深化改革委员会第十三次会议时指出："推进创业板改革并试点注册制，是深化资本市场改革、完善资本市场基础制度、提升资本市场功能的重要安排。要着眼于打造一个规范、透明、开放、有活力、有韧性的资本市场，推进发行、上市、信息披露、交易、退市等基础性制度改革，坚持创业板和其他板块错位发展，找准各自定位，办出各自特色，推动形成各有侧重、相互补充的适度竞争格局。"②

中国证监会于2019年9月研究布置了全面深化资本市场改革的重点任务，包括充分发挥科创板的试验田作用、大力推动上市公司提高质量、补齐多层次资本市场体系的短板、狠抓中介机构能力建设、加快推进资本市场高水平开放、推动更多中长期资金入市、进一步加大法治供给、加强投资者保护、提升稽查执法效能和大力推进简政放权等。③可见，中国证监会明确把科创板建设、推动上市公司提高质量和补齐多层次资本市场体系的短板等内容放在全面深化资本市场改革的突出位置。

毫无疑问，资本市场只有不断地进行深化改革与创新，才能提升效能，激发活力。因此，全面深化资本市场改革不仅意义重大，而且事实上也在不断采取措施持续推进，并取得了许多突出成就。笔者认为，中国特色社会主义进入新时代，我国资本市场全面深化改革的突出成就主要有以下几大方面。

## 全国股转系统运营机构的正式揭牌与新三板的扩容

2012 年 5 月，在试点的基础上，中国证监会开始筹备全国性场外市场。同年 9 月，全国中小企业股份转让系统（简称全国股转系统，俗称新三板）在国家工商行政管理总局正式完成登记注册。全国股转系统是经国务院批准设立的第一家公司制证券交易场所，也是继上海证券交易所、深圳证券交易所之后的第三家全国性证券交易场所。全国中小企业股份转让系统有限责任公司（简称全国股转公司，见图 1）为全国股转系统的运营机构，于 2013 年 1 月 16 日正式揭牌运营。全国股转系统定位于非上市股份公司股票公开转让和发行融资的市场平台，为公司提供股票交易、发行融资、并购重组等相关服务，为市场参与人提供信息、技术和培训服务。④

实际上，全国股转系统与证券交易所市场在法律地位上是相同的，两者的区别在于服务对象、交易制度和投资者适当性管理制度三方面。全国股转系统设立后，逐渐从小规模区域试点扩大至全国，主要服务于非上市的创新、创业及成长型中小微企业。

2013 年 12 月 31 日起，全国股转系统开始面向全国受理企业挂牌申请。此后，新三板掀起了挂牌热

图 1　全国中小企业股份转让系统有限责任公司总部

潮，基本上每个交易日都有数家公司挂牌。截至2014年12月31日，新三板挂牌公司数量已经达到1572家，而到2015年1月12日更是暴增至1633家。截至2018年12月31日，全国股转系统挂牌公司数量达到10691家，其中创新层挂牌914家，基础层挂牌9777家；总市值为3.45万亿元。到2021年8月10日，挂牌公司数量下降为7376家，其中创新层挂牌1263家，基础层挂牌6053家，精选层挂牌60家。⑤由此可见，创新层挂牌公司数量持续上升，而基础层挂牌公司数量有较大幅度下降。

全国股转系统于2014年8月正式推出做市转让方式。截至2015年3月底，共有222家挂牌公司采用做市转让方式，做市转让的股票日成交金额已远超过协议方式转让的股票日成交金额。实施做市转让方式后，全国股转系统的市场流动性明显改善，成交日趋活跃，股票年换手率从2013年的4.47%增加到2014年的19.67%，2015年初至3月12日实现股票成交135亿元，即已超过2014年全年成交金额。⑥

2020年1月，为推动新三板各项改革措施平稳落地，依据《非上市公众公司监督管理办法》，证监会发布了《非上市公众公司信息披露内容与格式准则第11号——向不特定合格投资者公开发行股票说明书》《非上市公众公司信息披露内容与格式准则第12号——向不特定合格投资者公开发行股票申请文件》，自印发之日起实施。⑦上述文件主要规范了以下几方面内容：一是提出公开发行信息披露的总体要求，明确发行人及中介机构相关各方的主体责任；二是明确公开发行说明书的披露内容和章节设置要求，要求发行人重点披露业务与技术、公司治理、财务会计信息和募集资金运用等方面信息；三是规定公开发行申请文件的制作和报送要求，并列明申请文件目录。证监会将不断加强新三板公开发行信息披露监管，提升信息披露质量，保护投资者合法权益。

因此，作为第三家全国性公开证券市场，全国股转系统在我国多层次资本市场体系中发挥了承上启下作用。新三板对于缓解中小微企业融资难、壮大直接融资比例、促进大众创业万众创新及推动资本市场改革等，都具有重要的战略意义。

## 转板上市机制的建立

2020年3月，证监会起草了《关于全国中小企业股份转让系统挂牌公司转板上市的指导意见》，向社会公开征求意见。该指导意见明确规定，符合条件的挂牌公司可申请转板到科创板或创业板上市，申请转板上市的企业应当为新三板精选层挂牌公司，且在精选层连续挂牌一年以上，还应符合拟转入板块的上市条件。精选层定位于承载财务状况良好或创新能力较强、市场认可度较高、完成公开发行，具有较高公众化水平的优质企业，匹配与其股权结构相适应的交易和投资者适当性制度，对精选层公司实行严格监管。精选层在制度上实现新三板与交易所市场的对接，为落实转板上市提供了制度和企业基础。⑧建立转板上市机制无疑有助于丰富挂牌公司上市路径，打通中小微企业成长壮大的上升通道，加强多层次资本市场之间的有机联系，增强金融服务实体经济的能力。

2020年5月，中国证券业协会发布实施《非上市公众公司股票公开发行并在新三板精选层挂牌承销业务规范》，进一步规范承销商参与非上市公众公司股票公开发行并在新三板精选层挂牌相关行为，加强行业自律，保护投资者的合法权益。[9]6月，证监会正式发布《关于全国中小企业股份转让系统挂牌公司转板上市的指导意见》，自公布之日起施行。试点期间，符合条件的挂牌公司可以申请转板到科创板或创业板上市。转板上市条件应当与首次公开发行并上市的条件保持基本一致，交易所可以根据监管需要提出差异化要求。[10]

2020年11月，沪深交易所分别发布《全国中小企业股份转让系统挂牌公司向上海证券交易所科创板转板上市办法（试行）（征求意见稿）》和《深圳证券交易所关于全国中小企业股份转让系统挂牌公司向创业板转板上市办法（试行）（征求意见稿）》。同日，全国股转公司发布公告称，上述转板上市办法正式发布实施后，将配套细化转板上市信息披露、股票停复牌等监管安排，积极做好新三板挂牌公司转板上市落地工作。上述转板上市办法明确了专门业务规则，也是对同年6月证监会发布的《关于全国中小企业股份转让系统挂牌公司转板上市的指导意见》的细化落实，明确了精选层挂牌公司向科创板或创业板转板上市的条件、股份限售要求、上市审核安排及上市保荐履职等重要内容。[11]

## 科创板开市及科创板和创业板注册制的试点

科创板开市以及科创板和创业板相继试点注册制，是我国资本市场深化改革的重要举措和成就，意义重大，对资本市场影响至深。

### 1. 上海证券交易所科创板的开市及注册制的试点

上海于2015年就开始在区域性股权市场试行科创板，以推动科技与金融的结合。2015年11月，上海股权托管交易中心设立科技创新企业股份转让系统（简称科技创新板）获批，并对外发布了业务规则。同年12月28日，上海股权托管交易中心的科技创新企业股份转让系统正式开盘（见图2）。自科技创新板开盘以来，上海股权托管交易中心不断扩大科技创新板的市场影响力，并与上海证券交易所建立对接机

图2 2015年12月28日，时任上海市市长杨雄敲响上海股权托管交易中心科技创新板开市锣

制，与股权投资机构形成良性互动。

与此同时，注册制也在酝酿和试点。中共十八届三中全会召开之后，中央开始考虑推进注册制改革。2013年11月，中共十八届三中全会审议通过的《中共中央关于全面深化改革若干重大问题的决定》明确提出，健全多层次资本市场体系，推进股票发行注册制改革。这是最早明确提到股票发行注册制改革的中央文件。

在2018年11月5日首届中国国际进口博览会开幕式上，习近平总书记明确提出将在上海证券交易所设立科创板并试点注册制。当天，中国证监会和上海证券交易所都以答记者问的方式，就设立科创板并试点注册制的相关情况进行回应，即科创板旨在补齐资本市场服务科技创新的短板，是资本市场的增量改革，将在盈利状况、股权结构等方面作出更为妥善的差异化安排，增强对创新企业的包容性和适应性。[12]

2019年1月23日，中央全面深化改革委员会审议通过了设立科创板并试点注册制总体实施方案和实施意见。1月28日，《关于在上海证券交易所设立科创板并试点注册制的实施意见》由证监会公布施行。该意见提出了上海证券交易所科创板实施注册制试点改革的具体措施，同时明确要求：一是准确把握科创板定位，即主要服务于符合国家战略、突破关键核心技术、市场认可度高的科技创新企业；二是制定更具包容性的科创板上市条件，更加注重企业科技创新能力，允许符合科创板定位、尚未盈利或存在累计未弥补亏损的企业在科创板上市，设置多元包容的上市条件；三是允许特殊股权结构企业和红筹企业上市；四是确定投资者适当性要求。个人投资者投资科创板股票，其证券账户及资金账户持有资产规模应当达到规定标准，且具备相关股票投资经验和相应的风险承受能力。[13]同年3月，证监会制定《科创板首次公开发行股票注册管理办法（试行）》，对科创板试点注册制的发行条件、注册程序和具体信息披露要求等作出规定。在中国境内首次公开发行股票并在上海证券交易所科创板上市，适用上述管理办法。这是中国资本市场上具有里程碑意义的举措，标志着我国资本市场发展进入了新的阶段。

2019年7月22日，上海证券交易所科创板企业股票正式上市交易（见图3）。从宣布设立，到科创板开板，再到首批25家公司正式上市，前后筹备只用了8个多月。[14]开市当天，股价大幅上涨，平均涨幅达140%。当日收盘时总市值为5388亿元。截至2020年7月22日收盘，科创板的上市公司数量已超过130家，总市值达到2.5万亿元人民币，其中主要是中小企业。[15]科创板开市至2020年12月7日，用时505天，科创板上市公司数量从零走向200家。200家上市公司所属行业高度集中在高新技术产业和战略性新兴产业。[16]截至2021年2月末，2020年科创板全部232家上市公司整体业绩稳中有升，净利润同比大增近六成。2020年科创板上市公司共计实现营业收入3314.67亿元，同比增长15.56%；共计实现净利润461.66亿元，同比增长59.92%。[17]由此可见，科创板开市有力推动了我国科技创新、产业升级、经济高质量发展，发挥了“助力器”的作用。

图 3　2019 年 7 月 22 日，上海证券交易所科创板企业股票正式上市交易

科创板的开市并试点注册制的主要目的是完善资本市场基础制度，进一步落实创新驱动发展战略，增强资本市场对提高我国关键核心技术创新能力的服务，促进高新技术产业和新兴产业发展，支持上海国际金融中心和科技创新中心建设。

## 2. 创业板的改革及注册制的试点

科创板试点注册制之后，创业板也开始进行试点。2020 年 4 月，中央全面深化改革委员会第十三次会议审议通过了《创业板改革并试点注册制总体实施方案》。为贯彻落实该总体方案，证监会发布了《创业板首次公开发行股票注册管理办法（试行）》《创业板上市公司证券发行注册管理办法（试行）》《创业板上市公司持续监管办法（试行）》和《证券发行上市保荐业务管理办法》四部规章向市场公开征求意见，创业板开启了新一轮改革。随后，深圳证券交易所发布实施了一项规则，并公开征求意见，涉及创业板发行上市审核、退市制度、证券交易、投资者保护等多个方面。同年 6 月，证监会正式发布了上述四部规章，自公布之日起施行。与此同时，中国证监会、深圳证券交易所、中国证券登记结算有限责任公司、中国证券业协会等也发布了相关配套规则。

2020 年 6 月，为保障创业板改革并试点注册制平稳实施，以市场化手段优化完善发行承销运行机制，深圳证券交易所理事会设立创业板股票发行规范委员会，并审议通过《创业板股票发行规范委员会工作细则》，确定第一届发行规范委员会委员名单。随后，发行规范委员会召开2020年第一次工作会议，通报发行规范委员会筹备情况，选举产生主任委员和副主任委员，交流讨论合力实现创业板改革高质量稳起步的措施建议。[18]

创业板注册制大致与科创板相同。其发行流程也大致与科创板相同，区别在于创业板规定交易所审核+证监会注册的时间总计不超过三个月，较科创板以及此前征求意见稿中的交易所审核三个月+证监会注册，期限再次缩短。定价方式上，相较于科创板公司在IPO时必须向基金公司等网下投资者以询价的方式确定股票发行价格，创业板保留了直接定价方式，并规定IPO发行数量在2000万股以下且无股东公开发售股份的，以及已经或者同时境外发行的，可通过直接定价的方式确定发行价格，但发行价格不能过高。交易制度方面，创业板全面接轨科创板。[19]从整体来看，创业板改革并试点注册制，是在充分借鉴科创板改革经验的基础上，又基于创业板的情况作出了具有针对性的安排。

截至2020年12月17日，注册制下创业板共有472家企业提交申请，17家终止上市。创业板IPO审核已经常态化，而且还出现了第一家被否企业。2020年11月11日，深圳证券交易所创业板上市委员会召开2020年第44次审议会议。根据审议会议结果公告，因不符合发行条件、上市条件和信息披露要求，江苏网进科技股份有限公司创业板IPO申请被否决。[20]创业板注册制改革后，提高了行业准入门槛，对行业的要求也更高。

总之，科创板的设立在支持科技创新、服务国家自主创新战略等方面有效发挥了引领作用。科创板和创业板注册制的试点是改革开放40多年来资本市场最重大的改革，有助于资本市场最核心的制度得以稳健运行，从而维护证券市场健康成长，打造一个规范、透明、开放、有活力、有韧性的资本市场。

## 区域性股权市场（四板市场）的创建与规范发展

区域性股权（交易）市场（也称四板市场）是为省级行政区域内的企业提供股权、债券的转让和融资服务的私募股权市场，是我国多层次资本市场的重要组成部分，是继主板（含中小板）、创业板、新三板之后的又一重要基础层级。区域性股权市场与全国股转系统是有显著区别的。全国股转系统是国务院批准设立、纳入中国证监会监管的全国性证券市场，是公开市场，挂牌公司准入和持续监管纳入中国证监会非上市公众公司监管范围。区域性股权市场是多层次资本市场的组成部分，属于非公开市场，由省级地方政府设立和管理，挂牌公司股东人数、股份交易和交易频率都有一定限制。

2017年1月，国务院办公厅发布《关于规范发展区域性股权市场的通知》。该通知明确指出，区域性股权市场是主要服务于所在省级行政区域内中小微企业的私募股权市场，是多层次资本市场体系的重要组成部分，是地方人民政府扶持中小微企业政策措施的综合运用平台。同时还强调，要处理好监管与发展的关系，按照既有利于规范又有利于发展的要求，积极稳妥推进区域性股权市场规范发展，防范和化解金融风险，有序扩大和更加便利中小微企业融资。[21]2017年5月，中国证监会发布《区域性股权市场监督管理试行办法》，自同年7月1日起施行。该办法明确界定了中央和地方监管职责，充分发挥中央和地方的积极性，这有利于完善监管协同机制，防止监管空白和监管套利，严厉打击各类违法违规行为，保护投资者合法权益，防范和化解金融风险，促进区域性股权市场健康稳定发展。[22] 2018年8月，中国证券业协会发布《区域性股权市场自律管理与服务规范（试行）》，对证券公司参与区域性股权市场业务、实现规范发展提出了明确的指导意见。随着各项规范发展政策的公布，区域性股权市场进入了健康发展的新阶段，在服务实体经济、提高直接融资比重、支持中小微企业发展、增强金融服务普惠性等方面发挥了重要作用。

根据《关于规范发展区域性股权市场的通知》和《区域性股权市场监督管理试行办法》的有关规定，区域性股权市场运营机构名单应由省级人民政府实施管理并予以公告，同时向证监会备案。证监会发布的信息称，截至2018年3月底，全国36个省、自治区、直辖市、计划单列市（其中云南、西藏尚未设立区域性股权市场）中，有21个地区已按规定要求向证监会备案了区域性股权市场运营机构情况。2018年4月，证监会正式公布首批经证监会备案的区域性市场运营机构，包括北京股权交易中心有限公司、石家庄股权交易所股份有限公司和上海股权托管交易中心股份有限公司等21家。2018年7月和2019年7月，分别公布第二批和第三批全国区域性股权市场运营机构备案名单。

2020年6月，中国证监会、中国人民银行、中国银保监会和国家市场监督管理总局等八部门联合发布了《关于进一步强化中小微企业金融服务的指导意见》。该意见提出发挥多层次资本市场融资支持作用，“推进区域性股权市场创新试点”，并强调“将区域性股权市场作为地方中小微企业扶持政策措施综合运用平台”。[23] 上述意见凸显出区域性股权市场的地位和作用，因而要大力推动区域性股权市场制度和业务的创新发展，以发挥其为广大非上市企业直接融资的作用。

据统计，截至2019年6月已有10家区域性股权市场的挂牌公司成功登陆沪深交易所，被上市公司收购的公司则有数十家。在选拔、辅导企业上市、帮助企业实现直接融资等方面，很多股权交易中心已形成一套行之有效的规则。截至2020年2月，全国34家区域性股权市场共有挂牌企业3万余家，展示企业10万余家，纯托管企业7600余家，累计为企业实现各类融资逾1万亿元。[24]

2020年7月，中国证监会发布《关于原则同意北京、上海、江苏、浙江、深圳等5家区域性股权市场开展区块链建设工作的函》，原则同意北京、上海、浙江、江苏、深圳等区域性股权市场参与区块链建设试点。这对区域性股权市场的规范发展而言是重大利好，也表明证券市场参与区块链建设正式开启，未来包括证券市场的区块链化、企业资产通证化及合规交易等系列金融市场的升级改造局面值得期待。[25]

值得一提的是，上海市的区域性股权市场较早开始进行试点。2012 年 2 月正式成立的上海股权托管交易中心成为上海市区域性股权市场运营机构。上海区域性股权市场在解决区域内中小企业融资难、促进地方实体经济发展和推动上海“五个中心”建设等方面发挥了重要作用。上海区域性股权市场已成为国内最具代表性的场外交易市场之一。

## 停复牌和退市制度的新一轮改革

我国资本市场还大力推进停复牌和退市制度的新一轮改革。这些改革举措弥补了资本市场基础性制度的一些不足或短板，促使我国资本市场更加完善。

### 1. 停复牌制度的改革

2016 年 5 月，沪深交易所分别发布上市公司停复牌新规，规范上市公司股票停复牌。上海证券交易所发布的《上市公司筹划重大事项停复牌业务指引》调整和完善了原有的业务规则，包括扩大停牌规范范围、严格控制停牌时限、细化停牌期间的信息披露和延期复牌程序要求。尤其是对各类停牌的时限作出明确规定。其中，筹划重大资产重组的，停牌时间原则上不得超过 3 个月，停牌后连续筹划重组的，合计停牌时间不得超过 5 个月；筹划非公开发行的，停牌时间原则上不超过 1 个月。深圳证券交易所发布的《上市公司停复牌业务备忘录》则从五个方面对上市公司停复牌业务予以规范和监管，包括明确相关重大事项的最长停牌时间、加大投资者对长期停牌行为的监督、细化停复牌事项的信息披露要求、强化停牌约束和加强中介机构作用等。[26]2017 年，证监会修订了《公开发行证券的公司信息披露内容与格式准则第 26 号——上市公司重大资产重组》，目的在于解决上市公司“随意停、笼统说、停时长”的问题。2018 年 1 月，证监会新修订发布并正式实施的《证券交易所管理办法》，进一步明确了证券交易所停复牌业务办理原则和事中事后监管职责。[27]

2018 年 11 月，证监会发布《关于完善上市公司股票停复牌制度的指导意见》，修订股票停复牌制度，增强市场流动性，进一步明确了“披露即复牌”原则和停复牌业务的管理理念。该意见从以下四个方面修订股票停复牌制度，增强市场流动性：一是确立上市公司股票停复牌的基本原则，最大限度保障交易机会；二是压缩股票停牌期限，增强市场流动性；三是强化股票停复牌信息披露要求，明确市场预期；四是加强制度建设，明确相应配套工作安排。[28]

沪深交易所于 2018 年 11 月分别发布《上海证券交易所上市公司筹划重大事项停复牌业务指引》《深圳证券交易所上市公司停复牌业务信息披露指引》，并公开征求意见。这被称为史上“最严停复牌新规”，坚持以不停牌为原则、停牌为例外，以短期停牌为原则、长期停牌为例外，以间断性停牌为原则、连续性停牌为例外。其中，上海证券交易所提出，上市公司筹划涉及发行股份的重大资产重组，可以根据实际情况申请短期停牌，停牌时间不超过10个交易日（停牌时间从之前的6个月压缩至不超过10个交易日）。停牌期间更换重组标的的，其累计停牌时间也不得超过10个交易日。深圳证券交易所则明确，仅发行股份重组可停牌且停牌时间不超过10个交易日，筹划控制权变更、要约收购等停牌时间不超过5个交易日，例外事项的停牌时间原则上不超过25个交易日。[29]最严停复牌新规的出台对那些随意停复牌的企业起到了威慑作用，更有力地保障了投资者的交易权，有利于证券市场的正规化。

从实际效果来看，停复牌制度的改革也取得了明显成效。例如，2015年，由于股市大跌，曾经出现“千股停牌”的奇观。数据统计显示，2015年7月2日至5日，沪深两市共有500多家上市公司密集宣布停牌。2015年7月7日开盘前，沪深两市2781家上市公司中，停牌公司已经达到764家，占27%。当日午后，又有23家公司加入停牌大军，大多数公司停牌时其股票已跌停。截至当日收盘，大跌重灾区的中小板和创业板停牌公司达到449家。2015年7月7日晚，新增173家公司申请停牌，令沪深两市停牌股票达到1/3。[30]因此，部分上市公司为了逃避市场下跌，避免股票市值缩水，当时都选择了停牌。截至2018年12月10日，沪深两市停牌公司家数为14家，停牌率（停牌家数占全部上市公司家数的比例）为0.39%。从历史比较看，相比2015年（10.3%）、2016年（7.4%）、2017年（6.43%），日均停牌率显著下降。[31]

## 2. 退市制度的新一轮改革

注册制改革落地后，完善退市制度，推动资本市场出口端的改革便显得尤为迫切。为严格落实新《证券法》精神和贯彻党中央、国务院关于资本市场的部署，在证监会统一部署下，2020年12月，沪深交易所对《上海证券交易所股票上市规则》《深圳证券交易所股票上市规则》以及《上海证券交易所科创板股票上市规则》《深圳证券交易所创业板股票上市规则》等多项配套规则进行修订，并发布修订后的相关规则“征求意见稿”，对外公开征求意见。本次退市制度改革的主要内容包括优化退市规则编写体例、完善退市指标、简化退市流程、新增其他风险警示情形和明确过渡期安排等方面。[32]备受关注的新一轮资本市场退市制度改革正式揭幕。

上述征求意见稿新增了强有力的出清工具，主要有：一是取消单一的连续亏损退市指标，制定了净利润与营业收入相组合的财务指标，侧重于考量上市公司持续经营能力，推动无主业、靠卖房或财政补贴保壳的企业及时出清；二是连续三年虚增利润比例超100%、累计金额超10亿元，或连续三年资产造假比例超50%、累计金额超10亿元的公司均在“清除”之列，征求意见稿着力将原标准未能涵盖的重大财务造假的“害群之马”清出市场；三是在保留面值退市规则的基础上，征求意见稿新增了收盘市值持续低于一定门槛的退市指标，即连续20个交易日每日均低于3亿元即告退市。[33]因此，此次退市制度改革被称为过去八年来力度最大、层次最高的一次规则改革。其目的是通过进一步优化退市指标、缩短退市流程，加大市场出清力度，提升退市效率，从而形成上市公司有进有出、优胜劣汰的市场生态。

## 深圳证券交易所主板与中小板的合并

自 2004 年 5 月设立起，深市中小板就定位于主板内设的板块，在主板制度框架下运行。作为我国多层次资本市场体系的重要组成部分，深圳证券交易所主板和中小板在扩大直接融资、服务实体经济、支持中小企业方面发挥了积极作用。截至 2021 年 1 月底，深圳证券交易所主板和中小板上市公司合计 1468 家，占 A 股上市公司总数的 35%；总市值为 23.39 万亿元，占全市场的 29%。同时，深圳证券交易所主板和中小板在发展中也暴露出了一些问题，如板块同质化、主板结构长期固化等。[34] 另外，经过十几年的发展，中小板上市公司总体不断发展壮大，在市值规模和业绩表现等方面与主板上市公司之间已经没有明确的界限。因此，二者合并是顺应市场发展规律的自然选择。

2021 年 2 月 5 日，经国务院同意，中国证监会正式批复深圳证券交易所合并主板与中小板，这是继创业板改革并试点注册制之后，资本市场全面深化改革的又一重大举措。目前，深圳证券交易所已启动了深市主板和中小板合并工作。根据证监会的要求，两个板块的合并将按照“两个统一、四个不变”进行安排，即统一业务规则、统一运行监管模式，保持发行上市条件不变、投资者门槛不变、交易机制不变、证券代码及简称不变。[35] 这就意味着深市主板与中小板的合并，对市场规则及投资者都不会构成实质性的影响，有利于深圳证券交易所板块结构的优化。

根据深圳证券交易所 2021 年 2 月 5 日发布的《关于启动合并主板与中小板相关准备工作的通知》，深圳证券交易所将对涉及中小板的有关指数名称和简称等做适应性调整，指数编制方法暂不做实质性变更。这次合并仅须对相关指数全称、简称和选样空间描述做适当修订，即删除指数全称和简称中的“板”字，并做个别适应性调整，相关指数选样空间描述涉及的“中小板”变更为“原中小板”。上述指数调整安排不会对指数编制方法做实质性变更，不会导致跟踪相关指数的基金产品投资标的做调整，有利于保持指数的稳定性和连续性，确保基金产品平稳运作。[36]

2021 年 3 月 31 日，深圳证券交易所正式发布了《关于合并主板与中小板相关安排的通知》。该通知明确提出，经中国证监会批准，合并主板与中小板于 4 月 6 日正式实施。合并后的深市主板上市公司超过 1400 家，市值规模超过 20 万亿元，汇聚大量竞争性领域领军或龙头企业，产业类型丰富，企业类型多元。[37]

因此，合并之后，深圳证券交易所中小板市场将退出历史舞台，深市主板将变成一个更有广度和深度的板块，其与创业板的分工也更为明确。由此，深圳证券交易所形成以主板、创业板为主体的板块格局，结构更简洁，定位更清晰，可以满足不同发展阶段和不同类型企业的融资需求，从而更好地服务于实体经济发展。

## 结　语

进入新时代，全面深化改革成为我国资本市场发展的一条主线，其改革发展的目标就是要打造一个规范、透明、开放、有活力、有韧性的资本市场。为此，我国资本市场不断将全面深化改革落实落地，取得了许多突出成就，从大的方面来说主要包括新三板的扩容、科创板的开市、试点股票注册制的成功落地、区域性股权（四板）市场的创建，不断推进多层次资本市场建设。至此，由主板和中小板、创业板、新三板以及区域性股权市场构成的多层次资本市场体系初步形成，并启动了深市主板和中小板合并工作。不同的市场具有不同的功能定位，因而有助于在服务实体经济方面与不同的企业建立起相应的股权融资匹配关系。同时还进行了停复牌和退市制度的改革，建立了转板上市机制等，力图完善资本市场的基础性制度。

2021 年 3 月 5 日，十三届全国人大四次会议提请大会审议的《政府工作报告》明确提出，稳步推进注册制改革，完善常态化退市机制，加强债券市场建设，更好发挥多层次资本市场作用，拓展市场主体融资渠道。因此，2021 年我国必将继续加大资本市场改革的力度。

很显然，资本市场全面深化改革是一场基础性、长期性的系统工程。我们既要强调资本市场基础性制度的重要性和资本市场在金融体系中的枢纽性功能，也要着力解决困扰市场多年的深层次结构性体制机制问题。这样才能为我国资本市场长远健康发展夯实基础，积蓄力量，实现自身长期稳定健康发展，发挥好服务实体经济、建设现代化经济体系的积极作用。因此，只要沿着改革之路坚定不移地走下去，中国资本市场发展前景和潜力都将无限之大。■

（本文为上海证券期货文化发展基金会联合研究计划课题阶段性成果选摘）

（照片提供：万立明）

■ 作者简介

万立明，同济大学马克思主义学院教授。

■ 注释

① 中央经济工作会议划重点：2018 年经济六大看点［J］. 经济导刊，2018（1）.

② 习近平主持召开中央全面深化改革委员会第十三次会议［J］. 旗帜，2020（5）.

③ 侯捷宁 . 证监会明确资本市场“深改 12 条”［N］. 证券日报，2019-09-11.

④ 详见全国中小企业股份转让系统官网，http：//www.neeq.com.cn/company/introduce.html。

⑤ 市场数据定期统计 2021 年 8 月 10 日日报［EB/OL］. 全国股转系统官网，http：//www.neeq.com.cn/static/statisticdata.html.

⑥ 田静．全国中小企业股份转让系统交易制度变迁［J］．清华金融评论，2015（6）．

⑦ 详见中国证监会官网，http：//www.csrc.gov.cn/newsite/zjhxwfb/xwdd/202001/t20200119_370075.html。

⑧ 程丹．新三板精选层企业可转科创板创业板［N］．证券时报，2020-03-07.

⑨ 详见中国证券业协会官网，https：//www.sac.net.cn/tzgg/202005/t20200519_142750.html。

⑩ 中国证监会关于全国中小企业股份转让系统挂牌公司转板上市的指导意见［EB/OL］．中国证监会官网，http：//www.csrc.gov.cn/pub/zjhpublic/zjh/202006/t20200603_377572.htm.

⑪ 张弛．沪深交易所发布转板上市办法［N］．金融时报，2020-12-01.

⑫ 吴晓求，等．中国资本市场研究报告（2019）［M］．北京：中国人民大学出版社，2019：468.

⑬ 关于在上海证券交易所设立科创板并试点注册制的实施意见［EB/OL］．［2019-01-28］．中国证监会官网，http：//www.csrc.gov.cn/pub/newsite/flb/flfg/bmgf/fx/sf/201906/t20190627_358169.html.

⑭《浦东开发》编辑部．科创板开市　上海科创中心建设“如虎添翼”［J］．浦东开发，2020（1）．

⑮ 中国最新设立的科创板迄今取得的成就（节选）［J］．对外传播，2020（8）．

⑯ 张弛．科创板上市公司数量增至200家［N］．金融时报，2020-12-09.

⑰ 潘清．科创板去年“成绩单”出炉［N］．中华工商时报，2021-03-04.

⑱ 黄灵灵．创业板股票发行规范委员会成立［N］．中国证券报，2020-06-22.

⑲ 石山．创业板注册制，向成熟的资本市场迈进［J］．中国储运，2020（9）．

⑳ 解旖媛．注册制下创业板助力龙头企业做大做强［N］．金融时报，2020-12-18.

㉑ 国务院办公厅关于规范发展区域性股权市场的通知（国办发〔2017〕11号）［EB/OL］．中华人民共和国中央人民政府官网，http：//www.gov.cn/zhengce/content/2017-01/26/content_5163699.htm.

㉒ 证监会发布《区域性股权市场监督管理试行办法》［EB/OL］．中国证监会官网，http：//www.csrc.gov.cn/pub/newsite/zjhxwfb/xwdd/201705/t20170505_316212.html.

㉓ 马腾跃．人民银行等八部门出台指导意见　进一步强化中小微企业金融服务［J］．中国金融家，2020（6）．

㉔ 丘永萍．区域性股权市场激发投资新活力［N］．中国城乡金融报，2020-09-09.

㉕ 丘永萍．区域性股权市场激发投资新活力［N］．中国城乡金融报，2020-09-09.

㉖ 赵一蕙，刘伟．沪深交易所发布上市公司停复牌新规［N］．上海证券报，2016-05-28.

㉗ 肖钢．中国资本市场变革［M］．北京：中信出版社，2020：166.

㉘ 刘伟杰．新三板停复牌规则完成修订“专治”挂牌公司任性停牌［N］．证券日报，2019-08-29.

㉙ 谢玮．史上最严停复牌新规发布，停牌“钉子户”戴上“紧箍咒”［J］．中国经济周刊，2018（48）．

㉚ 郭施亮．最严停复牌新规落地，投资者如何避险［J］．理财，2019（1）．

㉛ 徐昭．市场流动性改善　停复牌改革成效初显［N］．中国证券报，2018-12-12.

㉜ 杨毅．新一轮资本市场退市制度改革启动［N］．金融时报，2020-12-16.

㉝ 李慧敏．最严退市制度出台　强制退市新增三大“重锤”［N］．中国经营报，2020-12-21.

㉞ 程丹．深交所主板中小板将合并　不会加速市场扩容［N］．证券时报，2021-02-06.

㉟ 皮海洲．中小板完成历史使命　深市主板开启美好未来［N］．证券时报，2021-02-08.

㊱ 解旖媛，杨毅．深市主板中小板合并［N］．金融时报，2021-02-08.

㊲ 王海憨．深市主板与中小板正式合并首日［N］．每日经济新闻，2021-04-07.

# 从来没有忘记的初心

## ——记我在上海证券交易所国际发展部的工作往事

巢克俭

2002年3月19日，上海证券交易所正式发文成立国际发展部，我有幸成为国际发展部的首批成员。虽然在此之前上海证券交易所对外交流合作已经开展了很多，积极参与国际组织的各项工作，但国际发展部的成立还是一件特别的事情，标志着上海证券交易所建设成为世界一流交易所的初心正式以组织的形式确定下来，成为包括我本人在内的所有交易所“国际人”乃至全体交易所员工的使命和目标。即使我已经离开交易所9年多了，回首过去的历程，展望资本市场的未来，这一初心也丝毫没有改变。

国际发展部刚成立不久，即挑起了制定交易所发展战略规划的大梁。记得在十几年前提笔撰写上海证券交易所第一份系统性战略规划时，经全所智库集思广益，定下了“建立一个市场完善、法制健全、技术领先、运行高效、辐射全球、世界一流的交易所”的战略目标。彼时，上海证券交易所的股票市值已经接近20万亿元，成交金额、融资规模都位居世界前列，作为全球最大的新兴经济体最有潜力的新兴市场交易所，当时定下的这个目标可以说有野心、有魄力、有前瞻性、更有底气。十多年前，世界看到了中国作为新兴经济体在未来发展中的广阔前景，全球同行也看到了与上海证券交易所合作的机遇所在，纷纷前来洽谈合作：新加坡证券交易所希望引入更多中国公司在当地上市，伦敦证券交易所希望可以就双向挂牌或 GDR 发行开展合作，而上海证券交易所需要通过 QFII 制度引入更多的境外机构投资者、完善投资者结构等。中国经济发展的巨大潜力，为上海证券交易所国际业务发展开辟了广阔的空间。

如果要在这片空间里画出上海证券交易所国际化的蓝图，首先需要定下构图的框架。在当时看来，我认为这一框架就是国际行业组织。上海证券交易所于 2002 年加入世界交易所联合会（WFE），与全球主流交易所建立了初步联系，要将这些联系转化为业务产出，上海证券交易所必须掌握更多话语权，实现途径就是成为 WFE 董事。定下这一目标后，我和当时的团队开始进行了一系列游说工作，从东京、大阪、特拉维夫到南半球的悉尼，逐家拜访，争取支持。2006 年，上海证券交易所终于成功当选 WFE 董事，成为境内首家在国际行业组织中承担重要角色的交易所，开始将中国交易所和资本市场改革开放的面貌与成果展现给世界。2008 年，上海证券交易所顺利举办 WFE 年会，经此一会，上交所牢固树立了朝气蓬勃的新兴市场交易所形象，在 WFE 框架体系下，能够更加畅通无阻地与境外同行对话交流，寻找合作机会。

有效的国际交流是深化国际发展的第一步，而第二步则是推出实实在在的国际业务。一直以来，能否吸引全球优质企业上市，是衡量交易所国际竞争力的重要标准之一。当时的宏观背景对上海证券交易所引入境外企业在境内上市非常有利，中国对外开放还处在起步阶段，大批优质跨国企业热烈期盼着进入中国市场开展业务，也希望得到中国投资者关注，提升在华知名度。上海证券交易所国际化战略的雄心与跨国公司的中国战略完美契合，推动“国际板”项目横空出世。国际板从上海证券交易所内部的小愿望，逐步成为中国资本市场对外开放的大项目，成为中美、中英多个战略经济对话项目的热点内容。虽然由于种种原因，跨国公司在华上市的目标至今尚未实现，但我始终认为，外国企业来华上市是搭建资本市场对外连接的纽带、构筑命运共同体的最佳手段，有了这样一座桥梁，即使在如今国际形势风云变幻的背景下，各方之间的连接不会断，也无法断。2020 年以来，以习近平同志为核心的党中央提出，要逐步形成以国内大循环为主体、国内国际双循环相互促进的新发展格局。对上海证券交易所而言，继续引入国际公司参与中国资本市场，是推动构建金融双循环支持国家建设的有效举措，能为实体经济高质量发展贡献力量。

除了在本土发展国际业务之外，“辐射全球”离不开海外布局，为此我们成立了香港子公司、香港办事处，提出了海外整体布局计划。在扩展海外市场的进程中，有两个机会让我印象最为深刻。一个机会来自发达市场，当时全球最顶尖交易所的总裁到访上海，邀请上海证券交易所作为“白骑士”，收购其部分股份，以应对恶意收购。上海证券交易所彼时还是全球资本市场的新人，有机会成为全球交易所“老大哥”的主要股东实属难得。知晓此事后，我们迅速开展研究，制订方案，请示上级部门，筹措收购资金，努力抓住这一机遇。然而，中国对外投资管理当时仍处于起步阶段，我们没能跟上对方的时间节奏，最终未能成功。另一个机会来自发展中国家，2007 年前后，东南亚某国筹建其第一家国家级证券交易所时联系了我们，希望上海证券交易所提供规则、技术、人力等全方位支持。当时，国际上交易所的股权合作正风生水起，伦敦证券交易所与意大利证券交易所合并，洲际交易所收购纽约期货交易所，纳斯达克与瑞典 OMX 的合并也在 2007 年完成，而境内交易所走出国门，投资参与其他国家的证券交易设施还没有先例。经过内部反复研究论证，我决定着手启动这一项目，两次带队实地调研，拜访该国副首相、财政部副部长，考察筹建场地，讨论合作细节，还寄运了一批硬件设备，也初步拟定了选派人员，准备撸起袖子大干一场。但由于其他方面的因素，这一项目最终没能实施，现在想起来仍感觉很遗憾。

回顾在上海证券交易所十多年的从业经历，有成功的喜悦，也有遗憾的感伤。成功的经验有幸可以为上海证券交易所实现更高水平的国际化奠定基础，不成功的教训也希望能帮助后来的上交所人少走弯路。直到今天，我依然清晰地记得与一群志同道合、有闯劲、有毅力的伙伴共同奋斗打拼的闪光岁月。上交所人在不断传承中，形成了勇于创新、不畏艰难、坚韧不拔、兢兢业业的精神内核，并将继续带动一批批上交所人奋勇搏击、迎难而上，开拓广阔天地。一直以来，上海证券交易所的国际业务都走在最前沿，也是最早融入国际行业组织、研究输出自身智慧、对接国际一流标准的交易所。尽管与欧美老牌交易所相比，上海证券交易所还略显年轻，交易所行业竞争也日趋激烈，但我仍然坚定不移地相信，上海证券交易所必将跻身世界一流交易所行列，成为亚洲地区最具标杆

图 1　1997 年，巢克俭（第三排右一）参加上海证券交易所新员工入职培训

性的交易所。

总结过去的经验，我有三点粗浅的体会。一是世界将继续走向全球化，这是毋庸置疑的。历史经验表明，各国发挥资源禀赋和比较优势，有效促进了全球贸易往来、资本流动和科技文明进步，全球化极大地提升了社会生产力水平。在世界遭遇严峻疫情挑战的背景下，逆全球化思潮抬头，部分国家鼓吹保护主义、单边主义，国际关系错综复杂，但我坚定地认为，经济全球化是世界应对变局挑战、实现合作共赢的必然选择，那些试图开倒车的行为必将被历史潮流击碎，构建双循环新发展格局正是党中央作出的促进经济全球化良性发展的重要战略谋划。

二是当前资本市场有责任、有义务在构建双循环新发展格局中发挥更大作用。畅通国内大循环，离不开资本市场进一步的市场化改革，以提高其资源配置的能力和效率，为实体经济的关键领域引入更多的资本支持，引导产业结构转型和产业链优化升级，实现供给侧与需求侧的动态匹配。国内国际双循环相互促进，则是国内实体经济深度融入全球、让世界分享中国经济增长红利的过程，通过资本市场进一步扩大开放，引入国际发行人、吸引更多的国际投资者和国际资本，实现全球资源合理配置，促进资金、技术、产业和人才等生产要素的国际流动，为形成以我为主、融入全球的产业链布局提供源源不断的动力。

三是中国资本市场有能力、有条件发展成为配置全球资源的领先资本市场。首先，我国实体经济的崛起是资本市场国际化发展的坚实基础。我国已成为全球第二大经济体，连续十三年世界经济贡献率排名全球第一，是拉动世界经济增长的最强引擎。作为实体经济运行的“风向标”和“晴雨表”，中国资本市

图2　2003年，上海证券交易所在墨西哥推介QFⅡ业务时与墨西哥证券交易所工作人员合影（右二为本文作者）

场也必将成为与我国实体经济地位相匹配的全球领先资本市场，在金融领域彰显我国作为经济强国的自信与担当。其次，资本市场对外开放、人民币国际化以及上海国际金融中心建设三措并举、共同支撑、相互促进，必将切实提升我国资本市场的实力。以人民币国际化实现国际资本的进出便利，以资本市场对外开放丰富人民币的跨境使用，以上海国际金融中心建设提高中国资本市场的全球吸引力，推动中国资本市场深度融入全球二十四小时交易链条，迈向国际化更高阶段。

资本市场的发展与国家战略紧密联系、不可分割，上海证券交易所作为资本市场的重要组成部分，更应与国家战略紧密联系，发挥在资本市场中应有的作用。从过去来看，上海证券交易所国际化的每一步，包括参与国际组织发出中国声音、参与海外交易所筹建、与“一带一路”沿线资本市场深化合作交流和推动发展绿色金融等，都在为国家应对内外部挑战、推动构建人类命运共同体积极贡献方案。当前，上海证券交易所国际化面临的挑战与机遇并存，承担的历史使命更重。上交所人需要站在更高的维度，思考如何建设一个国际化、市场化的交易所，推动中国资本市场与全球资本市场实现更深度的良好互动。随着资本互相渗透，产品、交易、投资者、发行人等各方面耦合程度越来越高，上海证券交易所势必成为全球资本市场不可分割且不可或缺的重要组成部分。

2020 年是上海证券交易所建所三十周年，也是中国资本市场的而立之年，在过去的三十年里，中国资本市场坚持以开放促改革，以改革促发展，践行市场化、法治化的改革方向，多层次市场体系建设成果有目共睹。2020 年还是上海国际金融中心基本建成之年，上海首次位列全球金融中心前三。无论是推动资本市场发展还是助力上海国际金融中心建设，上海证券交易所都交出了一份亮眼的成绩单，成功设立科创板并试点注册制、率先落地跨境互联互通、顺利推出国内首个场内期权产品，股、债、基、衍生品四大市场蓬勃发展，不断吸引全球投资者、资产管理机构汇聚上海，提升上海市场的国际影响力。站在新的历史起点，展望未来的三十年甚至一百年，上海证券交易所必将坚定初心、坚守信念，乘着时代的风帆，破浪前行、未来可期。■

（文章成于 2020 年上海证券交易所开业三十周年之际）

■ 作者简介

巢克俭，1997 年 4 月进入上海证券交易所工作；2005 年 9 月，任上海证券交易所国际发展部负责人；2008 年 12 月，任上海证券交易所发行上市部总监；2012 年 3 月，任上海市静安区副区长；2018 年 10 月，任上海市黄浦区委副书记、区长；2020 年 11 月，任中国人民银行反洗钱局局长。

# 地方证券志：资本市场历史的“万花筒”

陈　磊

国有史，地有志，家有谱。地方志是指全面、系统地记述本行政区域自然、政治、经济、文化、社会的历史与现代的资料性文献。地方志是中国传统文化的瑰宝，赓续不断地编修地方志，是中华民族的优秀文化传统。

2016年以来，笔者有幸参与了安徽首部专志证券的志书——《安徽省志·证券志（1986—2005）》（见图1，以下简称《安徽证券志》）的阶段性编纂工作。几年来，笔者与同事们秉持对历史负责的担当，胸怀传承历史的使命，不辞辛苦，不厌其烦，精益求精，尽心尽力投入参与，全心全意修改完善，推动志书编纂取得重要进展，目前已经安徽证监局和安徽省地方志研究院双方会审通过，正在根据会审意见进一步修改完善。

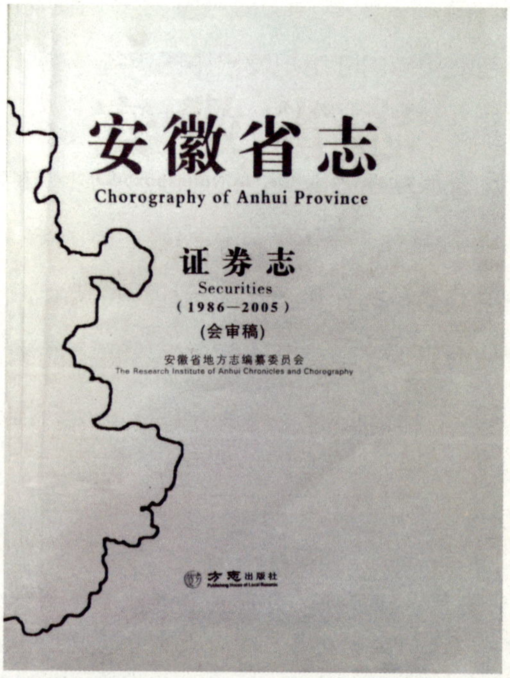


图1　《安徽省志·证券志（1986—2005）》会审稿

这段特殊、宝贵、难忘的工作经历，既使笔者深入了解学习了地方志这一中华民族优秀传统文化，也令笔者深刻感受到了志书传承知识、传承历史、传承文化的重要意义和作用，收获巨大，裨益颇深。

## 十年磨一剑　接续奋斗结硕果

2009 年 4 月，根据安徽省地方志编纂委员会统一要求，安徽证监局开始承担《安徽省志（1986—2005）》的分志之一《安徽证券志》的编纂工作。十多年来，虽然领导人员几经变换，但安徽证监局始终坚守如初，历届领导班子均高度重视志书编纂工作，专门成立编纂委员会，下设编辑室，组建编辑队伍，大力提供工作保障。在安徽省地方志编纂委员会办公室（现为中共安徽省委党史研究院（安徽省地方志研究院），是安徽省党史和地方志研究专门机构）的亲切指导和有关方面的大力支持下，安徽证监局广泛收集素材资料，认真研究设计篇目结构，几经研讨修改、补充完善，形成了目前较为成熟的会审稿。

全稿 60 余万字，以述、志、图、表、录等体裁，分概述、监管机构、上市公司与证券发行、证券期货经营机构、资本市场监管、附录 6 大篇章，系统综合记录了安徽辖区 1986—2005 年（部分内容适当上溯及下延）证券期货市场发展、监管机构变革、市场监管执法工作情况；收集了几十幅具有一定代表性和历史价值的图片，如 1993 年集中统一的证券市场建立后安徽辖区历史上首只股票——美菱股份发行认购时的情景（见图 2）；1998 年 9 月，为落实国务院关于建立全国集中统一的证券期货市场监管体制新架构部署，安徽省人民政府与中国证监会举行证券监管机构交接备忘录签字仪式的重要时刻；记述了股权分置改革、上市公司治理专项行动、证券公司综合治理等重大监管执法活动；记载了 2005 年底辖区所有上市公司、证券公司、期货公司的基本情况；选择辑录了一批重要规定和制度文件，如《中国证监会合肥特派办　安徽省

图 2　安徽历史上首只股票——美菱股份发行认购时的情景

公安厅　省工商局关于严厉打击非法证券和期货交易活动的工作意见》（2001 年 6 月）、《安徽省人民政府关于进一步加快发展和利用资本市场的意见》（皖政〔2004〕57 号，2004 年 7 月）等。

《安徽证券志》充分、全面地反映了断限内安徽资本市场从小到大、从无到有、从弱到强、从稚嫩到成熟的发展历程，是了解这一时期安徽证券期货发展历程的“百科全书”。

## 他山之石　可以攻玉

在编纂过程中，笔者也参考借鉴了其他省市的证券志或金融志，启示良多。例如，《山东省志·证券志（1880—2005）》（见图 3）记述上限到了 1880 年集股创办中兴矿局，下限至 2005 年，分早期证券与期货、证券发行、证券期货经营与服务机构、证券业务、期货业务、监督管理 6 篇和附录，全面客观记述 1880—2005 年山东证券行业的发展历程，完整系统地反映了山东证券行业在全省经济社会发展中所发挥的重要作用。《陕西证券期货志（1990—2010）》（见图 4）扼要记述了 1990—2010 年陕西证券期货行业产生发展、演变的特点、曲折以及其与陕西经济诸方面的关系。《上海市志·金融分志·证券期货业卷（1978—2010）》共有 10 篇、39 章、11 节、265 个项目、283 个表格，约 74 万字（2020 年 9 月 30 日数据），全面反映了改革开放以来上海证券期货发展的辉煌历程。《浙江省金融志》上限溯自货币金融之发端，下限至 1995 年，长达千年，极具史料价值，如记载了世界上最早的货币——南宋时期发行的纸币会子，并单列《人物篇》，记述了历史上知名的金融人物，如清朝著

图 3　《山东省志·证券志（1880—2005）》

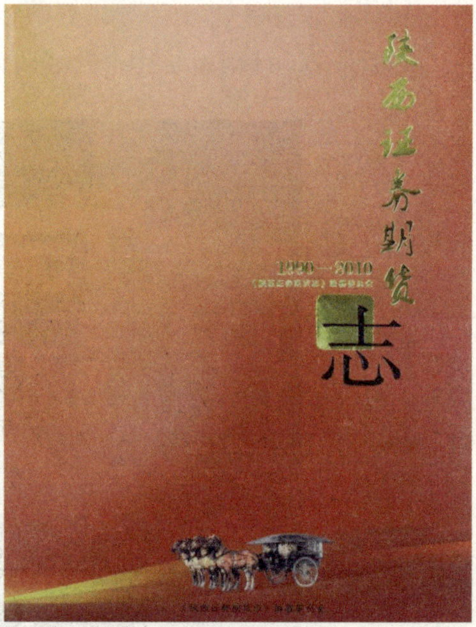

图 4　《陕西证券期货志（1990—2010）》

名的红顶商人胡雪岩，是一部特色鲜明的志书。浙江很多地市都编纂了金融志，反映了浙江金融业较为发达的现实。

## 存史、资政、教化

可以看到，这些地方证券志、金融志、经济志，以鲜明的地方特色，全面客观记载了一段时期当地证券历史、事件、人物，可谓资本市场历史的“万花筒”，为我们更加生动立体地了解我国证券期货发展历程提供了有益参考，也是研究资本市场历史很好的资料。

三十多年来，中国资本市场发展取得了举世瞩目的成就，为改革开放作出了重要贡献。同时，作为社会主义市场经济体制改革的重要组成部分，伴随着改革开放的伟大历程，三十多年来中国资本市场也留下很多值得留存收藏的实物或者没有实物形态的“历史经验”。鉴往知来，不断总结回顾那些走过的路，对于我们走好当前路、踏上新征程具有重要意义。易会满主席在中国资本市场建立 30 周年座谈会上指出，30 年风雨探索、披荆斩棘，中国资本市场走出了一条符合国情的改革发展之路，积累的宝贵经验是资本市场进一步深化改革、推动发展的精神财富，必须倍加珍惜、传承创新，为开启新征程积蓄充沛力量。

我们党历来十分重视对历史的学习，注重从历史中汲取前行的智慧和力量。当前，全党正在大力开展党史学习教育。2018 年 12 月，中国证券博物馆在上海浦江饭店揭牌成立，充分表明了党中央、证监会对资本市场文化建设、历史传承的重视。学好历史，实现博物馆“三个为主、三个兼及、三个中心”的业务范围和功能定位，在新的征程建设更加规范、透明、开放、有活力、有韧性的资本市场，探索加强对各地证券志的学习也许是个很好的举措。■

（照片提供：陈磊）

■ 作者简介

陈磊，安徽证监局办公室三级主任科员。

# 掌声为你而响

李　晟

时间是生命的风铃，也是人生的挚友。那些随着时光的流逝而逐渐沉淀出的回忆就像久而弥醇的美酒，让人们品味过往的沧海桑田，并镌刻于生命中成为一笔宝贵的财富。人生每一步行来，都是需要付出努力的，我们会有所得到，也会有所失去，但我们走出的每一步其实都意味着一段历史的起步，而当你跨出的一步碰巧重合于某些历史的机缘时，人生的一段精彩乐曲将由此奏响，平凡的人也有了属于自己的乐章。

我的乐章就从加入证券行业说起吧。

1993 年我从学校毕业，经历了三个月的实习后被交通银行正式录取，令人意外的是在参加了交通银行的入职培训后，我被分配到了海通证券（当时叫上海海通证券公司）。那时证券业是一个新兴的行业，大家都在探索，而对于刚刚走出校园的我来说，未来充满了未知，也充满了期待。

在基层营业部，我慢慢敲开了证券行业的大门，并在工作中发现有一个岗位特别神秘，好像也很高端，营业部的员工都以能获得这个岗位的资格为荣，它就是证券交易所场内交易员，俗称“红马甲”。那时要获得“红马甲”资格是必须参加上海证券交易所的培训并考试合格才行，这应该也是后来全国证券业从业资格考试的雏形。当我在 1994 年获得“红马甲”培训资格时，也是欣喜过好一阵儿的。

图 1　证券大厦交易大厅的“红马甲”

上海证券交易所的“红马甲”培训安排在江湾五角场的天益宾馆，封闭式，为期两周左右，各证券公司都选派员工来参加。我们上课是在大教室，老师们来自上海证券交易所、中国证券业协会、高校等。每到上课，教室里乌压压一片，一个好的课堂笔记会引来好几个人的传抄。我们学习的动力都来自对知识的渴望，对能进入上海证券交易所场内工作的向往，人总得给自己树立一个更高的目标。终于，1994 年 3 月 28 日，我从上海证券交易所第 25 期交易员培训班顺利毕业，一个更加广阔的前景向我走来。

我来到了上海证券交易所。上海证券交易所最早的交易大厅在浦江饭店，浦江饭店是上海开埠以来乃至全国第一家西商饭店，被誉为“上海著名的里程碑建筑”：上海首次试燃的电灯，近一半在此点亮；在上海率先使用煤气；西方半有声露天电影在这里首次亮相……众多的第一，使之成为当时现代化设施进入中国的平台。1990 年 12 月 19 日，改革开放后的第一家证券交易所——上海证券交易所也在浦江饭店正式开业，这不只是历史的巧合，更是历史的因缘际会，使之成为改革开放后资本市场新阶段的起点。

20 世纪 90 年代初是证券行业大发展的时期，随着交易量的巨幅上升，证券公司的交易席位异常紧张，那时有“抢跑道”之说，一个交易席位大家抢着用，拥挤不堪，证券公司都在向交易所申请尽量多的交易席位。我到上海证券交易所的第一件事不是参与交易，而是盯着上交所的相关部门尽快落实交易席位的通讯。记得那个管理部门在外白渡桥旁浦江饭店的二楼，所有交易席位的接通电话都由其负责落实，但他们的资源也有限，增加的电话线路要由电话局拨给，他们只能量入为出，真所谓“巧妇难为无米之炊”。我天天去盯，急得满头大汗，他们也被我盯得焦灼不安。这也反映出 20 世纪 90 年代初中国的基础设施和条件是蛮落后的。

那时，物质是匮乏的，我们的精神却是饱满的。1992 年邓小平南方谈话后，改革再次起步，整个社会充满了蓬勃向上的朝气，而证券业更是应势而起。

经过一周的软磨硬泡，上海海通证券公司交易席位的通讯终于落实，我也正式开始了上海证券交易所“红马甲”生涯。很快，浦江饭店的楼层已经不够支撑交易席位的运作，1994 年上海证券交易所把附近闵行路的一个几层楼仓库改造成了交易大厅，我习惯把这些交易大厅称为“6 厅”，以区别于最早的浦江饭店的第一交易大厅。我们营业部一共有 3 个交易席位，其中一个是在浦江饭店的第 108 号席位，我们几个“红马甲”都喜欢在这个席位上坐坐以沾点儿喜气。每个“红马甲”负责一条跑道，电话的那端是营业部的报单员。除了交易信息的传递外，场外交易者的情绪以及场内各种信息都汇集到电话线上，这也有助于加强我们对市场的直观判断。

“红马甲”工作时是极其紧张忙碌的，一部电话、一台计算机就是“红马甲”的全部工具，每天有成百上千的单子在手中输出，为避免差错，嘴上还需不断重复接到的指令。上班时间我们是比较忌讳喝水的，喝水多了，离开席位的概率就大，尤其是行情火爆的时候，一分一秒都不能耽误，只有到中午休息时才能狂补水分。为了提高键盘输入速度，我把电话换成了听筒，就是那种可以挂在耳朵上的耳机式电话，这样就可以腾出左手来控制键盘上的“Y”键，输入速度能加快零点几秒。但一整天下来，摘下耳机时，整个脑袋都是嗡嗡的。

我们营业部一般先把“红马甲”安排在散户席位上岗，散户席位报单笔数多，情况复杂，一天高达近千笔的报单量，强迫着新手快速成长。在这种强压下，我很快练就了“盲打”的技能，输入指令时不看键盘只看屏幕，做到既快又准。直到现在，那时练成的肌肉记忆偶尔还会秀一下。

“红马甲”打错交易指令是很难避免的，我也偶有失误。遇到差错时，往往要自责好几天，这不但可能会造成客户利益受损，也是对个人荣誉感的考验和鞭策。针对差错，我和营业部的报单员不断交流总结，不同种类客户（散户、大户、机构）的交易特性、不同时间段（盘中、盘后）的处置余地等都纳入了我们考量的范畴。这种对突发事件的即时协调处理以及事后的统筹安排，对以后工作习惯的养成和能力的培养起到了潜移默化的作用，并成为终生的财富。

身处交易大厅，眼中看到的是数字，耳中听到的是键盘声，心中荡起的是峰峦叠嶂的气象。

交易大厅就是战场，对手就在这里，你不知道他是谁，但他却与你在一起。

交易大厅也是我们的精神家园，天南海北的人们在此相识相熟，收获友情、爱情，也收获不同的人生感悟。

每天中午休市时，我喜欢走出硝烟弥漫的交易大厅，跨过外白渡桥，来到著名的外滩漫步。放松工作时绷紧的神经，江风习习让人心旷神怡。江上，百舸争流划出流动的音符。对面，东方明珠正在节节升高，新建的证券大厦已隐约呈现，不用多久上海证券交易所将搬到那里。我也暗暗期盼到那时我仍有幸在新的交易大厅工作。东方是太阳升起的地方，交易所的东迁也隐隐意喻着我们的证券事业像早晨的太阳一样冉冉升起。

科技推动着时代的进步，也带来了证券业交易方式的变革。只不过几年的工夫，以往柜台填委托单的方式渐渐被淘汰，取而代之的是客户直接和交易终端“点对点”的模式。在此变革之际，1998 年我来到了新的交易大厅工作。

如果说浦江饭店的交易大厅像一位古典婉约的美女，浦东的新交易大厅就像一个明朗爽快的阳光男孩，充满了现代感。踏进这里，大大的显示屏上不断跃动的曲线，仿佛时代的脉搏在与你一起跳动。

新的场所有了新的形式、新的内涵。过去无法见到的上市公司开市仪式在新的交易大厅频繁上演，所有的“红马甲”都有幸能近距离一睹时代精英的风采。因为现代化的交易模式，这里也成了中国对外交流的窗口，我目睹了英俊潇洒的英国前首相布莱尔，也见过强悍精明的美国前贸易代表巴尔舍夫斯基……

图 2　1998 年，美国总统克林顿获赠上海证券交易所红马甲

最值得回忆的是 1998 年美国总统克林顿到访上海证券交易所。在来访的前一天，交易所安排了申银万国的交易员程成来到我旁边空着的席位上熟悉场地，那时我已经隐约猜到第二天克林顿大概率会出现在我身旁。第二天，在众人的掌声中，克林顿“如约”站到了我的身边，陪同的上海市市长徐匡迪不断用舒缓沉稳的语气安抚着争相要和克林顿握手的交易员，“不要急，都有机会握手的”。克林顿和程成并排坐在旁边的席位上，程成给克林顿解说并演示着交易流程，最后还送了一枚纽扣给克林顿，他欣然接受了这份小礼物。那时我觉得程成是幸运的，而我也幸运地成为历史的一名见证者，或许，自己也已成了历史的一部分，哪怕只是一个背景。而这一切都是因为有了上海证券交易所这样一个通向国际的大平台。

在上海证券交易所，“红马甲”们有个约定俗成的习惯，每逢指数涨到整数关口或某个重要节点，“红马甲”们都会鼓掌庆祝。我们现场的掌声伴随着上海证券交易所走过了十多个春秋。现在，交易所里已没有“红马甲”了，但我们并没有远离，只是换了一个空间在鼓掌。这是我们的市场、为你、为我、为所有经历过、见证过这段历史的人们而鼓掌。

三十余年栉风沐雨，我们的资本市场从零开始，如今已成为世界第二大资本市场。认清明天的方向，不忘昨日的来处，愿三十而立的上海证券交易所再续辉煌！■

（照片提供：李晟）

■ 作者简介

李晟，海通证券上海余姚路营业部财富部经理。1994 年派驻上海证券交易所成为场内交易员。

鉴往知来

# 鉴“股”观“金”的革命履痕

黄沂海

故纸流年，鉴“股”观“金”。自清朝末年开始，到 20 世纪三四十年代，中国有数千家机构发行了上万只股票，可是与革命事业相关的股票却吉光片羽，寥若晨星。其中，1933 年方志敏在闽浙赣省苏区成功发行了闽浙赣省苏维埃银行股票，堪称是红色政权发行股票的第一次尝试。回望昔日上海滩证券市场，形形色色的老股票层出不穷，图案迥异，面值纷杂，蕴含着各个时期的政治、经济、文化等信息，也跃动着生生不息的红色基因。

## 新声 · 商务印书馆股票

股票是舶来品，通过向社会发行股票来募资创办企业，是近代由西方资本主义国家传入中国的。创办于 1897 年的商务印书馆曾出版大量宣传马克思主义的书籍，馆内成为中共中央的秘密联络点之一，也是早期工人运动的重要策源地，茅盾、陈云、郑振铎、叶圣陶等一批中共党员从这里走出。

这家中国近代出版界的龙头企业从诞生到初期的发展，外来技术、资金乃至文化一直是其运行的重要组成部分。至“一 · 二八事变”企业遭日寇轰炸，其资本从启动时的不足 4000 元，经多次增资、扩股后逐步增加到 500 万元；1931 年实现当年出版种数近 800 种，营业收入创出历史新高，达 329 万元；数十家分、支馆店遍布神州乃至新加坡。建馆 10 周年时，包含编译所和 4 个印刷所的新大楼在上海闸北占地 80 亩的宝山路厂区落成。至 1931 年，商务印书馆已发展成为一家拥有 3700 多名员工、300 多人的编译团队和一流印刷设备的出版企业“巨无霸”。这一切，当然也离不开金融杠杆的撬动。

商务印书馆老股票上的“董事张元济”，人称“出版巨子”，自从他于 1902 年加盟以来，商务印书馆从一家小印刷厂起步，逐渐发展成全国首屈一指的教科书“出版大户”和传播新知新学的重镇，除了出版《辞源》《四部丛刊》等大型工具书，还先后创办《东方杂志》《教育杂志》《小说月报》《学生杂志》《英语周刊》等数十种刊物。

中共创始人当中，张元济与陈独秀的渊源最深。早在 1902 年，商务印书馆就出版了尚在东京留学的陈独秀处女作《小学万国地理新编》。1920 年，陈独秀由北京回到上海，张元济即邀请他担任馆外名誉编辑，“陈（独秀）表示月薪不必多，编辑事务也不愿太繁重，因为他主要工作是办党，愿任商务的名誉编辑不过是为维持生活。结果说定：月薪三百元，编辑事务不像其他名誉编辑要给商务审阅稿件，而只要每年写一本小册子，题目由陈自己决定”（李忆庐《商务印书馆与早期中共党员》）。每月 300 元，一年只需写一本小册子，且选题及内容自定，足见张元济对陈独秀信任至诚。

图 1　1948 年商务印书馆股份有限公司股票（中国证券博物馆馆藏）

透过微微泛黄的老股票，商务印书馆筚路蓝缕开垦的进步文化“产业链”，以及谋求商业效益与文化理想的平衡运营思路，殷殷可鉴，跃然纸上。

## 先声・创造社出版部股票

中国共产党诞生的那一年，郁达夫在其上海寓所，会同郭沫若、田汉等几位年轻人，一起创立了新文学运动团体“创造社”。在马克思主义的文学主张影响下，他们提出了“革命文学”的口号，并编辑出版《创造周刊》《创造月刊》《文化批判》《思想》《洪水》等刊物。1926 年，为了增强出版能力，创造社出版部破土而出。筹备人之一、作家叶灵凤在《记〈洪水〉和出版部的诞生》中叙述：“创造社出版部在上海开始筹备，是一九二六年的事。招股筹备期间的办事处，设在南市阜民路（今光启南路）周全平的家里。那是一座两下两上上海弄堂式的房屋，不过却没有弄堂而是临街的。全平的家人住在楼下的统厢房，另外租了楼上的亭子间。那里就是出版部的筹备处，同时也是《洪水》半月刊的编辑部。”

至1929年被国民党查封，创造社出版部遗存的文物凤毛麟角，所以由它发行的股票更显弥足珍贵。当时，每股5元的招股信息一经发布，反响甚为热烈，古道热肠的认股者纷至沓来，大多为爱好新文艺的青年，有的还通过附有5元邮政汇款的挂号信寄来。“众人拾柴火焰高”，没过多久便募集到了足额股本。

有了资金，何处安营扎寨？创业社出版部四处找房，终于落址闸北宝山路三德里11号。在这条小弄堂里，世界语学会、中国农学会、中国济难会等挤挤插插，这些都属当时的革命外围组织。据叶灵凤回忆，进步团体“一个一个遭搜查和封闭，最后也轮到我们头上，出版部也第一次受到搜查，接着就来封闭，并且拘捕了包括我在内的几个小伙计”（叶灵凤《记〈洪水〉和出版部的诞生》）。

## 清声·文汇报社股票

淞沪会战后，沪上各大报纸相继停刊，上海急需一份宣传抗战、鼓舞市民斗志的报纸，沪宁铁路局高级职员严宝礼筹集7000元资金，请出报人徐铸成酝酿成立《文汇报》。1938年1月报纸面世，销量直线上升，但1939年5月因发表抗日言论被勒令停刊。

抗战大捷，《文汇报》复刊，徐铸成重出江湖，他和投资人严宝礼约法三章，其中一条即是“报社不接受任何政治性的投资，报馆或记者不得接受任何津贴”（王凯《徐铸成与〈文汇报〉的渊源》）。为此，《文汇报》以股份有限公司的名义招募民间股款，并以“争取民主，反对内战和独裁，代表人民利益说话”的崭新面目出现在读者面前。这一办报立场，无疑触动了国民党政权的神经，于是采取各种手段干预报社，甚至转给严宝礼和徐铸成一张中央银行的空白支票，要他们随便填数，接受政府投资。所有招数均告无功而返后，便使出“撒手锏”——1947年5月《文汇报》再度停刊。

在同香港共产党方面的负责人接触之后，徐铸成决计转战港岛创办《文汇报》，此举获得夏衍、沈钧儒、李济深、郭沫若、章伯钧等在港民主人士的支持。虽然头寸拮据，募得股款仅有四五万元，与当初约定的启动资金10万元相距甚远，但大家在寸土寸金的香港“螺蛳壳里做道场”，编辑、排字、印刷、发行、食宿都挤在一栋小楼里，1948年9月与申城桴鼓相应的《香港文汇报》终于出炉了……

## 回声·孟渊旅社振兴有限公司股票

说到孟渊旅社，颇具传奇色彩。当年中共一大代表包惠僧莅沪开会，外出时疑心有人跟踪，连忙叫了一辆黄包车，也不问价钱就跨上车说声“去三马路孟渊旅社”，而后沿着三马路（今汉口路）至西藏路步行兜了一个圈子，才算甩掉“尾巴”。上海解放前夕，孟渊旅社还是红色报刊、宣传资料的秘密发行站，许

图 2　上海孟渊旅社振兴有限公司股票（中国证券博物馆馆藏）

多通讯员赶到这里领取宣传品后四处投送。而且，孟渊旅社及其周边形成的“旅馆弄”，曾经留下了中共六大后中央政治局机关、商务印书馆发行所等旧址，以及周恩来、邓小平、陈云、李立三、李维汉、任弼时、李富春、陈毅等无产阶级革命家工作和生活的足迹。

更为重要的是，“顾正红事件”发生后，中共地下组织秘密指挥部就设在孟渊旅社 3 楼 14 号房间。1925 年 5 月 28 日，中共中央和上海党组织举行联席会议，陈独秀、恽代英、蔡和森、李立三等在会上决议将工人罢工扩大为国民革命运动。两天后，上海各校学生和工人涌向租界开展演讲示威活动，召开悼念顾正红的群众大会，党组织派专人在此坐镇指挥，恽代英任总指挥。

孟渊旅社振兴有限公司股票印有“董事长徐孟园”字样，此君系江苏无锡人，年轻时来沪以做漆匠、鞋帮谋生，1910 年在福建路开设吉升客栈，之后合股创办孟渊旅社，在同业中颇有声望，20 世纪 20 年代初曾被推举为上海市旅社业同业公会理事长。■

■ 作者简介

黄沂海，上海市银行博物馆馆长。

藏品撷英

# 见证逆境中成长的近代民族企业

## ——大生纱厂股票

王 逆

大生纱厂，取名自《周易》“天地之大德曰生”，自光绪二十一年（1895年）九月开始筹办，历时四年至光绪二十五年（1899年）四月才正式投产，是国内创办最早的私营机器纺织厂之一。其创办人张謇是江苏南通人，清末状元，中国近代著名的实业家，一生主张“实业救国”，创办了20多家企业、370多所学校，为中国近代民族工业的兴起和教育事业的发展付出了毕生心血。

1895年，张謇受晚清洋务派名臣张之洞“总理通海一带商务”之命，开始在南通筹办纱厂。“状元办厂”在当时是个新鲜事儿，集股过程也颇费周折。大生纱厂先后多次向社会公开集股，尝试了“官招商办”“官商合办”等模式，并重订集股章程，但仍然进展不顺，一直到大生纱厂投产时，实收资本还不足20万两。筹资期间，张謇不时在日记中感叹“通厂筹款，垂成而败”。在筹办大生纱厂的四年多里，最艰难的时候，张謇旅费无着，“常常跑到黄浦江对天长叹，眼睛里的泪同潮水一样涌出来”。

出人意料的是，筹资募股万般艰难的大生纱厂在开业后盈利十分可观，随着大生纱厂日益兴盛，股东从中得到的利润也越来越多，于是入股者络绎不绝，纱厂规模不断扩大，1903年又开设大生二厂，1915年增设布厂，同时在海门筹设第三厂，1923年在南通城南建成大生副厂。到1923年，短短20年间，大生纱厂从一个资本不足50万两，纱锭2万余枚的小型棉纺厂，发展成一个资本708.4万两，有4座纺织厂、纱锭16万枚、布机1300余台的大型纺织集团，是中国近代民族工业迈出的一大步。

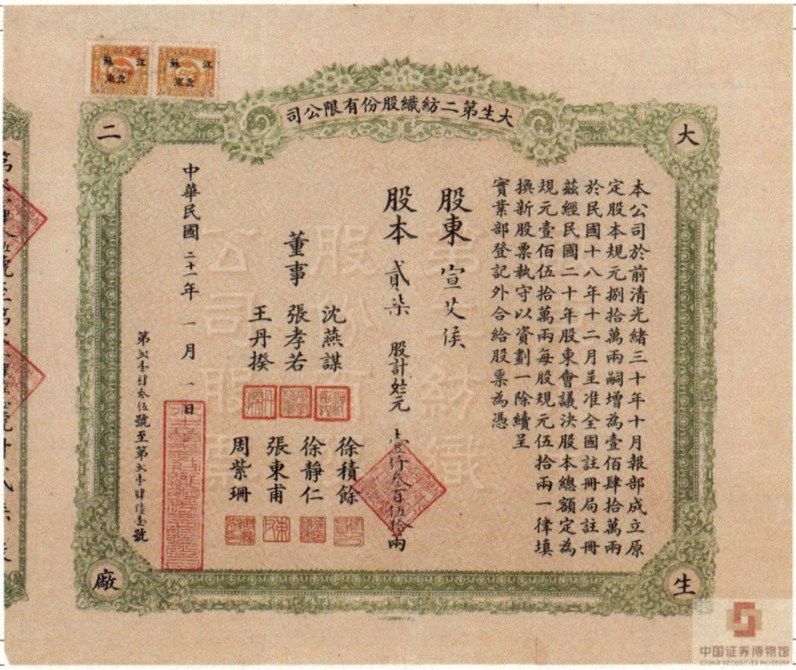

图1　1932年大生第二纺织股份有限公司股票（中国证券博物馆馆藏）

陈列在中国证券博物馆三楼展柜中的民国二十一年（1932年）大生第二纺织股份有限公司股票，既反映了中国近代民族企业艰难的募资之路，也见证了以大生纱厂为代表的近代民族企业在逆境中成长发展的辉煌历史。

这张股票样式为中国传统的碑式，外圈镶有褐绿色花卉纹边饰，边饰四角各有一字，连起来是“大生二厂”，股票上方边饰正中印着发行公司的名字“大生第二纺织股份有限公司”。股票内容如下：

本公司于前清光绪三十年十月报部成立，原定股本规元八十万两。嗣增为一百四十万两，于民国十八年十二月呈准全国注册局注册。兹经民国二十年股东会议决，股本总额定为规元一百五十万两，每股规元五十两，一律填换新股票执守，以资划一。除续呈实业部登记外，合给股票为凭。

股东　宣艾侯

股本　贰柒　股计规元　壹仟叁佰伍拾　两

董事　沈燕谋　张孝若　王丹揆

徐积余　徐静仁　张东甫　周紫珊

中华民国　二十一　年　一　月　一　日

第　贰壹肆叁伍　号至第　贰零肆陆壹　号

通过股票信息可知，大生二厂成立于光绪三十年，即1904年。其中的“部”应是清政府成立不久的商部。经批准大生二厂最初股本为规元80万两，1929年增至140万两，1931年股东大会商议后股本定为150万两，50两一股，以前的旧股票一律换新，以便统一，除了呈报国民政府实业部登记外，发给股票作为凭据。其中提到的规元是鸦片战争至1933年期间近代上海通用的银两计算单位，也称豆规银、九八规元，规元只作记账之用，并无实银，以上海银炉所铸二七宝银折算使用。

股票上填写有股东、持股数量、认缴股本、购股时间及股票编号，认缴股本、董事和持股时间分别揿印。股票纸张上“第二纺织股份有限公司股票”的水印清晰可辨。股票左上角还贴有2张面额为壹角的江苏启东“国民政府印花税票”，左侧边缘处盖有骑缝章，由此可见该股票各项要素齐全，是研究民国时期我国证券历史的重要资料。

大生纱厂的招股集资，历经种种艰难曲折，几次险遭夭折，成为近代中国民间创办股份制企业集资难的一个典型。■

■ 作者简介

王逆，中国证券博物馆综合组组长助理。

■ 参考文献

① 朱今更．启东大生二厂的兴建与毁灭［N］．南通日报，2018-08-27.

② 大生纱厂：旧制度没落新社会到来的见证者［N］．中华工商时报，2015-11-03.

# 中国首只H股——青岛啤酒

张 勇

1993年7月15日，青岛啤酒在香港联交所上市，开创了境内企业在香港资本市场集资上市的先河，成为中国第一只H股。在中国证券博物馆展柜内陈列着一张青岛啤酒H股股票样张，除公司名称含有中文外，股票信息全为英文，股票中央的表格内有序号、持有者、股票编号、转让号、发行时间和股数等信息。该股票发行时间是1993年7月10日，为香港联交所全资附属公司香港中央结算有限公司持有，共2000股。

根据股票上市地点的不同，我国上市公司股票有A股、B股、H股、N股和S股的区分，一个公司可以同时在多地发行股票。H股是指注册地在内地、经中国证监会批准在香港上市、主要供境外投资者认购和交易的股票。H股公司主要是国企，一般称为国企股，但也包括部分民营企业。因香港英文名称Hong Kong首字母而得名H股。

图1 1993年7月15日，青岛啤酒H股股票在香港上市

CERTIFICATE NUMBER
214941
NUMBER OF H SHARES

The registered share capital of the Company is RMB900,000,000 divided into 553,150,000 A Shares of RMB1.00 nominal value each and 346,850,000 H Shares of RMB1.00 nominal value each, such A Shares and such H Shares having identical voting rights at general meetings of the Company save in respect of any resolution varying or abrogating any of the rights conferred on the holders of A Shares only or, as the case may be, on the holders of H Shares only.

SINCE 1903

青島啤酒股份有限公司
TSINGTAO BREWERY COMPANY LIMITED
(a joint stock limited company established in the People's Republic of China)

CERTIFICATE FOR H SHARES

This is to certify that the under mentioned person(s) is/are the registered holder(s) of fully paid H Shares of nominal value Renminbi 1.00 each as detailed below in the capital of the Company, subject to the Articles of Association of the Company.

| FOLIO NO. | SHAREHOLDER(S) | CERTIFICATE NUMBER | TRANSFER/ ALLOTMENT NUMBER | DATE (DAY-MON-YR) | NUMBER OF H SHARES |
|---|---|---|---|---|---|
| | HKSCC REGISTRARS LIMITED SPECIMEN ONLY | | | | |

Given under the Securities Seal of the Company on the date stated above.

CHAIRMAN OF THE BOARD OF DIRECTORS

图 2　青岛啤酒 H 股股票（中国证券博物馆馆藏）

青岛啤酒股份有限公司的前身是 1903 年 8 月德国商人和英国商人在青岛建立的日耳曼啤酒公司青岛股份公司，是中国历史最悠久的啤酒制造厂商之一。1916 年 9 月，日本东京都的“大日本麦酒株式会社”以 50 万银元买下日耳曼啤酒公司青岛股份公司，更名为“大日本麦酒株式会社青岛工场”。1945 年日本投降，当时的青岛市政府派员接管了大日本麦酒株式会社青岛工场。1949 年青岛解放，该厂更名为“国营青岛啤酒厂”。

1992 年邓小平发表南方谈话后，我国改革开放进入新阶段，同年 10 月，国务院证券委员会和中国证券监督管理委员会成立。证监会成立前，我国证券市场已初具规模，上海证券交易所和深圳证券交易所已发行人民币特种股票（B 股）募集外资，但我国还未开启在境外发行证券募资之路。1992 年底，国家体改委要求在全国选择九个省，每个省选择一家优质国企作为首批到香港上市的试点企业。经中国证监会上报国务院批准同意，包括青岛啤酒、仪征化纤、广船国际等在内的九家已完成股份制改造的国企陆续在香港上市，青岛啤酒作为第一家发行 H 股的企业成为当时的焦点。

开香槟庆祝上市成功是香港联交所新股票挂牌仪式的惯例。青岛啤酒 H 股上市当天，时任香港联交所主席李业广提议，青岛啤酒股票上市用青岛啤酒来庆祝更为应景，会使这一刻更具有历史意义。因此，李业广和参加上市仪式的嘉宾们都倒上了一杯飘溢着泡沫的金黄色青岛啤酒，醇厚的酒香弥漫在整个交易大厅，各界来宾举杯畅饮，嘉宾们彼此共祝“一路发”（青岛啤酒 H 股代码为 00168）。“从香港联交所成立那天起，所有公司上市都是开香槟酒庆祝，唯独青岛啤酒上市这一天，开的是青岛啤酒！”被称为“H股之父”的中国证监会首任主席刘鸿儒在著书回顾中国证券市场发展时这样写道。

青岛啤酒是第一家在香港发行H股的企业，加上其在国内外的广泛知名度，其H股股票甫一问世就受到了市场的追捧，引来了非常狂热的认购。青岛啤酒在香港发行了31000多万股，超额认购达到了100多倍，冻结资金851.8亿港元。青岛啤酒H股开市第一天以每股3.6港元的价格收盘，相比招股价上涨28.57%。同年8月，青岛啤酒在上海证券交易所上市，再次打破纪录，成为中国第一家在香港与内地同时上市的公司。青岛啤酒股份有限公司通过上市H股和A股，总共筹集到折合人民币16亿元的资金，为青岛啤酒提供了难能可贵的发展资金。2003年青岛啤酒H股股价超过A股股价，又创造了新的历史纪录。

青岛啤酒H股的发行，迈出了中国证券市场“走出去”的第一步，对企业的国际化、品牌美誉度和可持续性发展均起到了重要作用。目前，青岛啤酒已从一家地方性啤酒企业发展成在国内家喻户晓且具有国际知名度的啤酒厂商，跻身世界品牌500强行列。■

■ 作者简介

张勇，中国证券博物馆研究组工作人员。

■ 参考文献

① 张瑞祥．青啤历史：当年仅用8个月就登陆H股［N］．青岛早报，2014-04-14.

② 杨伟中．青岛啤酒H股上市十周年回顾［N］．上海证券报，2003-07-15.

③ 聂庆平．H股市场产生过程（四）——青岛啤酒在香港成功上市［EB/OL］．［2019-01-28］．资本邦网站 http://www.chinaipo.com/hk/69560.html.

④ 钱丽娜．青岛啤酒：中国企业海外第一股［J］．商学院，2018（11）：85.

# 科创板大事记

上海证券交易所科创板上市审核中心

◆ 2018 年 11 月 5 日

习近平总书记在首届中国国际进口博览会上宣布将在上海证券交易所设立科创板并试点注册制。

◆ 2018 年 11 月 5 日

上海证券交易所党委组织学习习近平总书记在首届中国国际进口博览会上的讲话精神，成立科创板建设与注册制试点工作领导小组及 6 个工作组。

◆ 2018 年 11 月 6 日

上海证券交易所向证监会上报了设立科创板并试点注册制方案。

◆ 2018 年 11 月 7 日

设立科创板并试点注册制主要业务规则草案上报证监会。

◆ 2018 年 12 月 19 日至 21 日

习近平总书记在中央经济工作会议上指出要推动在上海证券交易所设立科创板并试点注册制尽快落地。

◆ 2019 年 1 月 23 日

习近平总书记在中央全面深化改革委员会第六次

会议上强调在上海证券交易所设立科创板并试点注册制是实施创新驱动发展战略、深化资本市场改革的重要举措。

◆ 2019 年 1 月 30 日

证监会发布《关于在上海证券交易所设立科创板并试点注册制的实施意见》。同日，上海证券交易所发布《关于就设立科创板并试点注册制相关配套业务规则公开征求意见的通知》。

◆ 2019 年 2 月

上海证券交易所组建科创板与试点注册制相关业务部门，同时成立“设立科创板并试点注册制工作上线指挥部”。

◆ 2019 年 2 月 13 日

证监会召开座谈会，听取部分行业专家、证券公司、基金管理公司、创投机构和科创企业代表对设立科创板并试点注册制相关制度规则的意见建议。

◆ 2019 年 2 月 15 日至 17 日

上海证券交易所先后在上海、北京、深圳、成都四地召开了 9 场片区座谈会，面对面听取市场各类主体对设立科创板并试点注册制配套规则的意见建议。

◆ 2019 年 2 月 20 日至 21 日

证监会主席易会满围绕设立科创板并试点注册制有关问题，带队赴上海听取市场机构对相关制度规则的意见建议，并调研督导上海证券交易所相关改革准备工作。

◆ 2019 年 3 月 1 日

证监会发布《科创板首次公开发行股票注册管理办法（试行）》等文件，同日，上海证券交易所发布《上海证券交易所科创板股票发行上市申请文件受理指引》《上海证券交易所科创板股票发行上市审核规则》《上海证券交易所科创板股票上市规则》等相关细则。

图 1　2019 年 6 月 13 日，科创板开板仪式

◆ 2019 年 3 月 3 日

上海证券交易所发布《上海证券交易所科创板股票发行上市审核问答》。

◆ 2019 年 3 月 5 日

李克强总理在第十三届全国人民代表大会第二次会议上做《政府工作报告》，要求改革完善金融支持体制，设立科创板并试点注册制。

◆ 2019 年 3 月 6 日

上海证券交易所召开科创板上市审核中心成立大会。

◆ 2019 年 3 月 11 日

上海证券交易所召开设立科创板并试点注册制全所员工培训大会。

◆ 2019 年 3 月 15 日

上海证券交易所发布《科创板创新试点红筹企业财务报告信息披露指引》和《保荐人通过上海证券交易所科创板股票发行上市审核系统办理业务指南》。

◆ 2019 年 3 月 16 日

上海证券交易所举行设立科创板并试点注册制会员准备工作座谈会，近百家会员单位的主要负责人出席了此次座谈会。

◆ 2019 年 3 月 21 日

上海证券交易所发布《关于上海证券交易所第一届科创板股票上市委员会委员候选人名单公示的公告》和《关于上海证券交易所第一届科技创新咨询委员会委员候选人名单公示的公告》。

◆ 2019 年 3 月 22 日

上海证券交易所作出首批 9 家企业的受理决定。

◆ 2019 年 3 月 24 日

上海证券交易所发布《上海证券交易所科创板股票发行上市审核问答（二）》。

◆ 2019 年 3 月 29 日

上海证券交易所发出首批 3 家企业的首轮问询函。

◆ 2019 年 4 月 4 日

上海证券交易所公告聘任第一届科创板股票上市委员会、科技创新咨询委员会、公开发行自律委员会委员。

◆ 2019 年 4 月 13 日

上海证券交易所召开第一届科创板股票上市委员会成立大会，开展第一次会议及培训。

◆ 2019 年 4 月 16 日

上海证券交易所发布《上海证券交易所科创板股票发行与承销业务指引》。

◆ 2019 年 4 月 19 日

中共中央政治局召开会议要求以关键制度创新促进资本市场健康发展，科创板要真正落实以信息披露为核心的证券发行注册制。

◆ 2019 年 4 月 20 日

上海证券交易所召开第一届科技创新咨询委员会成立大会。

◆ 2019 年 4 月 23 日

上海证券交易所公开披露首批 3 家企业首轮问询及回复内容。

◆ 2019 年 5 月 12 日

上海证券交易所首次依法中止审核企业。

◆ 2019 年 5 月 14 日

上海证券交易所介绍科创板发行上市审核问询回复进展情况。

◆ 2019 年 5 月 21 日

上海证券交易所就科创板申报项目违规保荐代表人发出首单纪律处分。

◆ 2019 年 5 月 24 日

科创板上市审核中心召开首次中心审核会。

◆ 2019 年 5 月 27 日

科创板股票上市委员会审议工作正式启动，上海证券交易所发布科创板股票上市委员会 2019 年第 1 次审议会议公告。

◆ 2019 年 6 月 5 日

科创板股票上市委员会召开第 1 次审议会议。

◆ 2019 年 6 月 11 日

科创板首批 3 家企业报会注册。

◆ 2019 年 6 月 13 日

在上海举行的第十一届陆家嘴论坛现场，科创板正式开板。

◆ 2019 年 6 月 13 日

证监会主席易会满视察科创板上市审核中心。

◆ 2019 年 6 月 14 日

证监会同意首批 2 家科创板 IPO 注册。

◆ 2019 年 6 月 21 日

上海证券交易所启动科创板发行上市保荐业务现场督导。

◆ 2019 年 6 月 29 日

科创板上市审核中心完成第一批 31 家企业报送证监会流程。

◆ 2019 年 7 月 8 日

上海证券交易所发出首家终止审核企业决定。

◆ 2019 年 7 月 22 日

科创板首批 25 家企业上市，科创板正式步入“交易时间”。

◆ 2020 年 3 月 27 日

上海证券交易所发布《上海证券交易所科创板企业发行上市申报及推荐暂行规定》。同日，上海证券交易所受理第 1 个科创板并购重组申报项目。

◆ 2020 年 4 月 30 日

科创板上市企业数量达 100 家。

◆ 2020 年 7 月 3 日

上海证券交易所发布科创板再融资相关规则。

◆ 2020 年 7 月 22 日

科创板 50 成分指数（科创 50 指数）正式发布。

◆ 2020 年 9 月 28 日

上海证券交易所受理第 1 家科创板再融资申报项目。

◆ 2020 年 12 月 4 日

上海证券交易所发布新修订的《上海证券交易所科创板股票发行上市审核规则》《上海证券交易所科创板上市委员会管理办法》。

◆ 2020 年 12 月 7 日

科创板上市企业数量达 200 家。

◆ 2021 年 2 月 3 日

上海证券交易所发布保荐业务现场督导等相关事项审核规则适用指引。

◆ 2021 年 2 月 26 日

上海证券交易所发布《全国中小企业股份转让系统挂牌公司向上海证券交易所科创板转板上市办法（试行）》。

◆ 2021 年 3 月 31 日

科创板智能辅助审核平台一期上线并全面投入使用。

◆ 2021 年 4 月 16 日

上海证券交易所发布新修订的《上海证券交易所科创板企业发行上市申报及推荐暂行规定》。

◆ 2021 年 6 月 22 日

上海证券交易所发布新修订的《上海证券交易所科创板上市委员会管理办法》《上海证券交易所科创板上市公司重大资产重组审核规则》。同日，发布上市公司重大资产重组审核标准等相关事项审核规则适用指引。

◆ 2021 年 6 月 29 日

科创板上市企业数量达 300 家。

◆ 2021 年 7 月 16 日

上海证券交易所发布《上海证券交易所科创板发行上市审核业务指南第 3 号——业务咨询沟通》。同日，启用审核业务沟通专用电话。

◆ 2021 年 7 月 23 日

上海证券交易所向社会公布科创板上市公司并购重组委员会委员名单。同日，上海证券交易所发布转板上市申请文件、转板上市报告书内容与格式、转板上市保荐书、转板上市股份等相关事项审核规则适用指引。■

（照片提供：齐飞）

博物馆动态

# “周恩来避难地（礼查饭店）”纪念标识在中国证券博物馆挂牌

图1 “周恩来避难地（礼查饭店）”纪念标识

为庆祝中国共产党成立100周年，加强上海红色资源传承保护，按照《上海市红色资源传承弘扬和保护利用条例》的要求，中共上海市委宣传部、中共上海市委党史研究室、上海市文物局在上海开展了红色革命遗址、旧址设立统一标识工作。

2021年5月6日，“周恩来避难地（礼查饭店）”纪念标识在上海市虹口区黄浦路15号中国证券博物馆门口挂牌，该标识牌有助于提升中国证券博物馆红色资源的知名度。观众可通过大理石纪念牌上醒目的文字简要了解周恩来夫妇在此避难的事迹，还可扫描纪念牌上的黄铜二维码深入了解这个红色故事的细节，感受细节里的精神。

上海是中国共产党的诞生地和初心始发地，拥有丰富的红色资源。近年来，上海市高度重视革命遗址旧址发掘保护工作，梳理出了从五四运动到上海解放期间重大党史事件的发生地、重要党史人物的活动地或相关红色资源展示场所等红色遗址、旧址、纪念设施共612处。■

（图1拍摄：周嫒）

周恩来避难地（礼查饭店）

位于黄浦路15号。原名礼查饭店，1959年改为浦江饭店。

1927年2月，周恩来临危受命，在上海领导了第三次工人武装起义。3月22日，起义取得了胜利。4月12日，蒋介石发动反革命政变，派兵收缴了工人武装，残杀共产党人和革命群众，党组织被迫转入地下。国民党下令悬赏2万5千元缉拿周恩来，14日，周恩来转移到吴淞附近徐家宅的一个秘密据点，后又化装成商人，与邓颖超一同入住礼查饭店311室。5月离开上海赴武汉。

周恩来

1907年重建的礼查饭店

图2 周恩来避难地（礼查饭店）图文内容

# 展现百年历程　彰显资本力量

## ——中国证券博物馆“力量——百年来中国共产党领导下的资本市场实践和发展历程展”揭幕

为庆祝中国共产党成立 100 周年，讲好中国共产党领导下的资本市场故事，在中国证监会指导下，中国证券博物馆特别策划推出的“力量——百年来中国共产党领导下的资本市场实践和发展历程展”于 2021 年 7 月在上海金融交易广场 8 楼连廊揭幕试运行。

该展览先后被列入中央宣传部、国家文物局庆祝中国共产党成立 100 周年精品展览推介名单、培育社会主义核心价值观主题展览推介名单。展览通过 4 个部分，即新民主主义革命时期、社会主义革命和建设时期、改革开放和社会主义现代化建设新时期、中国特色社会主义新时代，600 余件展品，近 400 幅图片，系统回顾了自 1921 年中国共产党成立以来，在党的领导下，经过一代代开拓者、建设者的不懈努力，我国资本市场从无到有、从小到大，为革命、建设、改革和发展融通资本、凝聚力量，取得伟大成就、实现跨越发展的光辉历程。

在第一展区，共有85枚新民主主义革命时期的证券亮相。其中，“第一张红色股票”是安源路矿工人消费合作社股票。同时，还较完整地展出了中华苏维埃共和国临时中央政府发行的革命战争公债券和经济建设公债券。观众可通过“重回安源”“工运往事”多媒体互动项目观看安源路矿工人消费合作社的故事，体验红色事业的蓬勃发展。

在第二展区，观众可以看到民国时期发行、新中国成立初期继续沿用的各种股票，以及新发行的私营企业、公私合营企业、合作社的股票，还可以看到中央政府发行的人民胜利折实公债、国家经济建设公债，以及地方政府发行的公债。其中，馆藏的1954—1958年全套国家经济建设公债样票、新中国成立日填发的股票等均是首次与观众见面。此外，“一张债券的旅行”光电沙盘展项可以让观众感受到20世纪50年代我国经济建设公债在助力新中国早期基础建设过程中发挥的作用。

在第三展区，观众可以看到改革开放后发行的国库券、各种金融债券、企业债券，各种股票、股权证、股票认购证。其中，馆藏的13个品种的沪市“老八股”和8个品种的深市“老五股”均是首次成套展出，上海证券交易所1990年开市锣也在展览中亮相。“一张股票的故事”透明屏再现了改革开放初期“邓

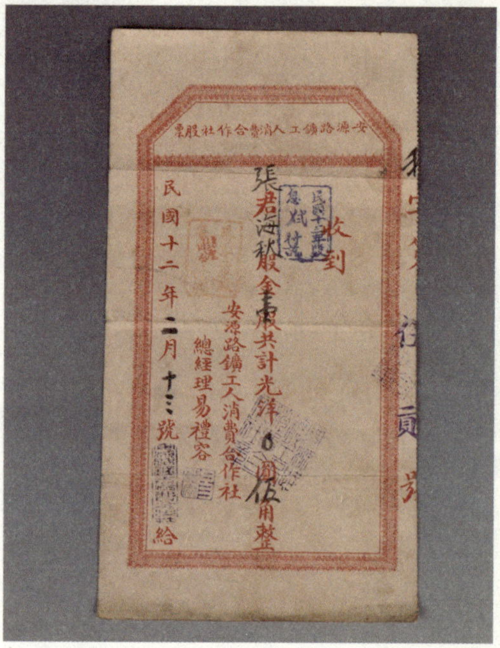

图1 1923年安源路矿工人消费合作社股票

图2 1990年上海证券交易所开市锣

图 3　裸眼 3D 魔方

小平接见范尔霖”和“范尔霖办理过户”的影像，观众从中可以体会中国资本市场发展创新的足迹。

在第四展区，观众可以直观了解近 30 年间进行了 3 次升级换代的上海证券交易所交易系统硬件。展柜中陈列着设立科创板并试点注册制等重大改革举措的重要见证物。在展区的中央，观众可以通过“百年历程”裸眼 3D“魔方”沉浸式学习几代领导人对中国资本市场的指示，了解百年发展历程中的重大事件。

该展览将资本市场文化与党建红色元素展示、实物展品与数字展品交互、建筑自然光线与人工照明氛围融为一体，采用“突破与构建”的设计思路，将资本市场红色历程中的精彩瞬间通过一组组“框架”造型进行重构和聚合，各展区各具特色，又有机形成了完整的历程线索与展示体系，以达到创新视觉观感的目的；同时，适当运用展览空间设计艺术和多媒体数字科技提升展览效果，确保展览内容与形式专业性、趣味性和经济性的和谐统一，更好地满足资本市场各参与主体和社会公众的文化需求，增强中国资本市场文化的影响力。

该展览得到了中国证监会系统各单位、资本市场相关公司和机构的大力支持，得到了安源路矿工人运动纪念馆、江西省博物馆、中国钱币博物馆等单位的无私帮助。党史、证券史、文博领域专家和证券期货行业学者、亲历者也对展览的提升和完善提出了宝贵意见。■

（照片拍摄：陆钧　周嬛）

图 4　展厅局部实景图

# 甘肃证监局韩小玉女士<br>向中国证券博物馆无偿捐赠藏品

2021年3月，中国证券博物馆收到了甘肃证监局二级巡视员韩小玉女士无偿捐赠的32件个人藏品，包括“金川有色金属公司债券50元票样”“中国石化总公司兰州炼油化工总厂企业内部债券200元票样”等，充实了馆内西部地区证券的馆藏。

2021年3月初，韩小玉女士在甘肃证监局举办了“从历史票证漫谈资本市场发展”专题讲座。在讲座中，她结合自身20余年的证券监管工作经历，详细介绍了我国资本市场相关机构和单位在服务甘肃经济发展中发挥的重要作用，并围绕甘肃资本市场监管工作思路进行了深入探讨。韩小玉女士有感于“了解历史才能看得远，理解历史才能走得远”，希望通过当年的证券票证等历史物证，让更多的社会大众认识和了解中国资本市场不平凡的发展之路，以史鉴今，砥砺前行。讲座结束后，韩小玉女士决定将其个人收藏的32件个人藏品全部捐赠给中国证券博物馆。

中国证券博物馆作为中国证券期货行业唯一一家国家级博物馆，揭牌两年多来，在以韩小玉女士为代表的社会各界热心人士的无偿捐赠和无私关怀下，博物馆建设发展的基础进一步夯实。中国证券博物馆将把社会各界的关心关爱化作博物馆的发展动力，继续做好藏品征集、资料收集、展览陈列和投教服务等工作，为讲好中国资本市场故事而不懈努力。■

图1 1990年中国石化总公司兰州炼油化工总厂企业内部债券200元票样

# 中远海运发展股份有限公司向中国证券博物馆捐赠船舶模型

2021 年 5 月 14 日，中远海运发展股份有限公司船模赠送仪式在中国证券博物馆礼查厅举行，中远海运发展股份有限公司航运租赁事业部党总支书记蒋仲向中国证券博物馆赠送了 21 万吨散货轮“惠智海”船模。中国证券博物馆副馆长金星代表博物馆接受捐赠，并向中远海运发展股份有限公司颁发捐赠证书。

捐赠仪式上，蒋仲表示：“未来，中远海运发展股份有限公司航运租赁事业部将把航运金融主业与党员学习相结合，以创新、生动、高质量的党史学习教育推动事业部航运金融主业不断发展。”金星对中远海运发展股份有限公司表示感谢，表示：“将认真做好赠送船模的标识和展示工作，更好地发挥投资者教育和文化传播作用。期待在传播行业文化、讲好党史党课等方面进行更深入的合作。”

赠送仪式后，双方在展厅中交流了百年来中国共产党领导下的资本市场实践和发展历程。■

（照片拍摄：周嬛）

图 1　中远海运发展股份有限公司航运租赁事业部与中国证券博物馆工作人员合影

图 2　中远海运发展股份有限公司向中国证券博物馆捐赠船舶模型

# 民建会员余叶青、黄桦向中国证券博物馆捐赠红马甲

2021 年 7 月 22 日，在科创板开市两周年之际，中国民主建国会上海市委员会金融工委第七支部会员余叶青、黄桦联合向中国证券博物馆无偿捐赠编号为 22 号的红马甲，红马甲是上海证券交易所交易员（又称“出市代表”）进入交易大厅时穿着的标志性服装，是中国资本市场发展的时代缩影，更是敢闯敢干精神的传承。民建上海金融工委第七支部主委赵晓历率领第七支部会员一行 20 余人在中国证券博物馆见证了捐赠仪式，中国证券博物馆副馆长金星热情接待了捐赠嘉宾一行。

上海证券交易所于 1990 年 12 月 19 日在浦江饭店挂牌开业，时隔 31 年，作为中国资本市场发展的亲历者、见证者和贡献者，曾经在浦江饭店孔雀厅工作过的“红马甲”们回到了承载青葱岁月的地方，重温资本市场发展的回忆。

在捐赠仪式上，赵晓历介绍此次捐赠的红马甲是由黄桦作为上海证券交易所第一期交易员传承给了第三期交易员余叶青，这件红马甲见证了上海证券交易所三期交易员的工作历程。在捐赠环节，金星代表中国证券博物馆接受了由余叶青、黄桦联合捐赠的红马甲，并向两位捐赠者颁发了捐赠证书。■

（照片拍摄：周嬛）

图 1　黄桦（右）向中国证券博物馆捐赠 22 号红马甲

图 2　民建上海金融工委第七支部在中国证券博物馆孔雀厅合影

# 瞿建国先生向中国证券博物馆捐赠申华电工股票

2021年7月23日下午，由上海人民出版社、上海金融文化促进中心、中国证券博物馆、学林出版社共同主办的“厚植城市精神，彰显城市品格”座谈会暨“金融文化丛书”首发式在中国证券博物馆举行。

在座谈会上，著名企业家、沪市“老八股”之一申华电工的创始人瞿建国先生向中国证券博物馆捐赠了“老八股”之一的申华电工原始股股票样张。上海人民出版社、上海金融文化促进中心向中国证券博物馆等单位赠送了“金融文化丛书”第一辑中的两本新书——《龚浩成：金融改革往事》《瞿建国：改革创业人生》。

上海证券交易所博物馆保障部总经理张卫东为瞿建国先生和图书捐赠单位颁发了捐赠证书，并对他们的善举表示了诚挚的感谢，他希望借助中国证券博物馆这个平台加强与金融机构、金融家、企业家以及各媒体单位的合作，充分开发利用金融文化资源，推动金融文化的宣传和推广。

上海申华电工联合公司于1987年初向社会公开发行股票，是当时上海市郊区唯一向社会公开发行股票的股份制企业，也是中国证券市场最早发行股票和最早上市的公司之一。申华电工是中国证券市场著名的“老八股”和“三无概念股”（无国家股、无法人股、无外资股）。■

（照片拍摄：周舶）

图1　瞿建国先生（右）向中国证券博物馆捐赠申华电工原始股股票样张

图2　上海金融文化促进中心理事长范永进（右）代表活动主办方向中国证券博物馆赠送“金融文化丛书”图书

# 上海证券期货文化发展基金会举办2020年度联合研究课题结题评审会

2021年5月26日，上海证券期货文化发展基金会举办了2020年度联合研究课题结题评审会。

自2020年起，上海证券期货文化发展基金会开展了“中国资本市场历史研究”系列课题联合研究工作，旨在深入研究中国资本市场不平凡的发展历程，服务证券业文化建设，收集和挖掘中国资本市场发展史料，更好地为展陈提供研究成果及史料，并推动资本市场历史研究各机构间的交流与合作。

2020年启动了“中国资本市场三十年（1990—2020年）”“百年来中国共产党领导下的资本市场发展历程”“近代中国证券市场及交易所研究”三项课题的研究。课题承接方中国金融出版社刘钊团队、同济大学万立明团队、复旦大学朱荫贵团队经过前期积累和深入研究，顺利完成了研究任务。

2021年5月26日，联合研究课题结题评审会在中国证券博物馆召开，邀请上海社会科学院研究员张

图1 课题结题评审会现场

图2 评审会专家和课题承接团队负责人合影

忠民、中国金融期货交易所周强龙博士、上海证券交易所吴新春博士担任评审专家，对三项课题进行评审。

评审会上，各课题负责人分别围绕项目研究总体情况、研究目标、课题背景、研究重难点、研究成果、资料收集等方面进行了汇报。评审专家在前期认真审阅各课题组提交的研究成果、现场听取课题负责人汇报的基础上，对每一个课题进行了仔细点评，与各课题负责人就项目的完成情况、研究方法及研究成果等进行质询与答疑，专家们对研究成果还提出了意见和建议。

评审专家一致认为三项课题的研究成果均达到项目要求，研究成果翔实，支撑材料充分，通过结题评审。同时，也要求各课题组进行最后的修订和完善。■

（照片拍摄：周嬛）

# 中国证券博物馆举办“百年大党与资本市场建设”专题讲座

为迎接建党100周年，聚焦中国共产党领导下的资本市场发展历程，在“5·18国际博物馆日”来临之际，中国证券博物馆举办线上学术讲座，邀请同济大学马克思主义学院教授、博士生导师、上海市委讲师团党史学习教育专家宣讲团成员万立明教授主讲“百年大党与资本市场建设”。

一百年来，中国共产党在领导经济建设、金融建设和资本市场建设方面取得了卓越的成就。中国共产

图 1 万立明教授在中国证券博物馆作讲座

党领导下的资本市场，经历了探索创新、涅槃重生的不凡历程，积累了丰富的经验，取得了丰硕的成果，在不同时期对政治政权、经济建设、军事革命、生活方式和思想观念等方面产生了深远的影响。

万立明教授立足于中国共产党在不同时期、不同阶段对证券的探索、运用和创新展开论述与分析，从建党初期对股票发行的早期尝试、土地革命时期对证券的利用和民主革命时期对证券发行的创新做法，到新中国成立前后对证券交易所的利用、20 世纪六七十年代股票的顽强生命力以及改革开放以后对资本市场的恢复与重建，尤其是进入新时代后对资本市场发展目标和内涵的规划，充分展示了中国共产党自诞生后在利用、发展和完善资本市场等方面作出的不懈努力、积极探索和宝贵经验。百年来资本市场红色历程充分说明了发行证券这种融资方式是促进经济发展的有效金融手段，是完全可以为中国革命、建设、改革和发展服务的。■

（照片拍摄：周嬛）

# 中国证券博物馆举办“牛年生肖青少年儿童艺术手工坊”活动

2021年4月，中国证券博物馆携手第三方机构，结合博物馆正在展出的“牛转乾坤”联展推出了“牛年生肖青少年儿童艺术手工坊”活动。该活动已顺利举办4场，200余人参与其中，深受小朋友和家长朋友们的喜爱，获得良好的社会反响。

图1 手工作坊活动现场

黏土手工是最能激发小朋友空间形象思维能力的三维空间艺术活动之一，既生动有趣又具有教育意义。在“牛年生肖青少年儿童艺术手工坊”活动中，小朋友们在指导老师的引导下制作出漂亮的“牛牛”小挂件，感受到了“牛”在艺术中的形象意趣，既享受了手工创作带来的快乐，也激发了他们的积极性和创造力。与此同时，父母的参与，也有利于形成更好的亲子互动，促进培养更亲密的家庭关系。

图2 “牛年生肖青少年儿童艺术手工坊”小朋友合影

中国证券博物馆致力于为社会公众尤其是青少年群体提供内容丰富、优质有趣的公共教育活动。今后，还将结合博物馆特色，推出更多更好的证券期货知识少儿科普和青少年“财商”活动。■

（照片拍摄：何烨）

# 讲证券故事 传证券文化

## ——中国证券博物馆与湘财证券投资者教育基地联合出品《中国证券故事》系列视频短片

为庆祝中国共产党百年华诞，中国证券博物馆和湘财证券投资者教育基地积极响应中共中央印发的《关于在全党开展党史学习教育的通知》，秉持“藉古抚今 历览正道”的精神，联合出品了历道学堂系列视频短片——《中国证券故事》，旨在让更多人了解中国证券市场历史，深化对党领导下中国改革发展历程的认识。

自1872年中国第一家股份制企业和中国人自己发行的第一张股票诞生，中国证券史的帷幕便徐徐拉开。《中国证券故事》通过清朝晚期到改革开放时期一件件珍贵的馆藏证券史料，呈现出一幅幅波澜壮阔的中国证券历史画卷，反映了中国证券一百多年跌宕起伏的发展历程，展现出中国共产党领导下中国证券市场走出的一条社会主义特色的创新之路。

首期《中国证券故事之红色记忆》共10集，讲述了从新民主主义革命到新中国成立期间，中国共产党通过发行合作社股票、银行股票、革命战争公债、经济建设公债、抗日救国公债、公粮债券等一系列红色证券实践，有力地支援革命战争，推动根据地和解放区生产建设，再现了中国共产党领导下的红色金融实践历经革命战争的考验，创造了一个个彪炳史册的金融奇迹。■

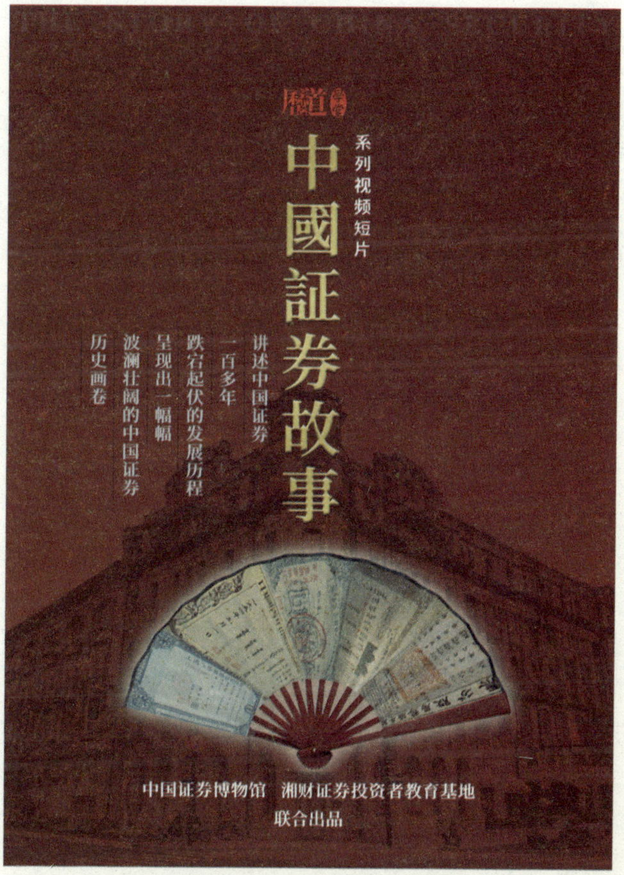


图1 《中国证券故事之红色记忆》海报

# 《中国证券博物馆》征稿启事

《中国证券博物馆》由中国证券博物馆组织编写、中国金融出版社出版，旨在记录中国资本市场发展历程及重大事件，留存亲历者第一手回忆性文字，推广证券期货历史文化研究课题成果，交流博物馆文化事业发展，发布中国证券博物馆资料库建设阶段性进展。主要栏目有：人物访谈、证博特稿、风云笔谈、专题研究、文博论坛、藏品撷英等。欢迎海内外专家学者及市场亲历者踊跃投稿。

---

**来稿要求：**

一、凡涉及资本市场发展历程以及证券期货及博物馆文化、历史、教育的文稿均可，要求论述明确，尊重历史，层次清晰，行文规范，资料翔实、准确、系统。文章应不涉及保密，署名无争议。

二、来稿字数不限，建议文章配三至五张图表或照片（均请注明名称和来源）。稿件格式准确，参考文献按照 GB/T 7714—2005 标准，采用脚注，每页连续编号，文章注释的内容依次为：作者、书名、卷册、出版社、出版年份、页码；图片格式为 JPG，分辨率应不低于 300dpi。请附上作者简介及联系方式。

三、请勿一稿多投，投稿文章以原创为宜，未在公开出版物或互联网上发表，投稿即视为对稿件原创性作出承诺。

四、编辑部根据发文要求，有可能对来稿酌情删改，如不同意，务请注明。

五、来稿一经刊用即致稿酬，并赠样书两本。未刊用稿件恕不退回。

**联系方式：**

联系电话：021－38612105

投稿信箱：zgzqbwgnk@sse.com.cn

通信地址：上海市虹口区黄浦路 15 号《中国证券博物馆》编辑部

邮政编码：200080

——《中国证券博物馆》编辑部